让高手成就更多高手
以山顶视角领略世界

双赢销售思维

管理者建立销售思维的第一本书

程锡安◎著

北京联合出版公司
Beijing United Publishing Co.,Ltd.

图书在版编目（CIP）数据

双赢销售思维：管理者建立销售思维的第一本书 / 程锡安著. —北京：北京联合出版公司, 2022.12
ISBN 978-7-5596-6469-3

Ⅰ.①双… Ⅱ.①程… Ⅲ.①销售—通俗读物 Ⅳ.①F713.3-49

中国版本图书馆CIP数据核字（2022）第180288号

双赢销售思维：管理者建立销售思维的第一本书

作　　者	程锡安
出 品 人	赵红仕
选题策划	北京山顶视角科技有限公司
策划编辑	王留全　叶　赞
营销编辑	李俊佩　付佳雯
责任编辑	徐　樟
统筹编辑	高继书
封面设计	卓义云天

北京联合出版公司出版
（北京市西城区德外大街83号楼9层 100088）
北京联合天畅文化传播公司发行
北京美图印务有限公司印刷　新华书店经销
字数165千字　　880毫米×1230毫米　1/32　9.125印张
2022年12月第1版　2022年12月第1次印刷
ISBN 978-7-5596-6469-3
定价：78.00元

版权所有，侵权必究
未经许可，不得以任何方式复制或抄袭本书部分或全部内容
本书若有质量问题，请与本公司图书销售中心联系调换。
电话：010-65868687 010-64258472-800

推 荐

安妮特·布鲁斯（Annette Bruls）
美德乐全球首席执行官

我很高兴地看到，程锡安把他多年的销售领导力和真知灼见写进了《双赢销售思维》这本书中。他带领美德乐中国销售团队取得了无数成功，他的双赢理念已被证明是成功的关键要素。其中所提到的相关原则——"领导团队，让销售人员成为客户和公司之间的互动桥梁并建立长期关系，从而确保持久的成功"适用于每一家企业。同时，程锡安通过他的销售六步法详细介绍销售实战经验，销售团队可以用这个进行培训，并系统地应用于日常工作中。也由此，我们将"客户至上"的企业战略付诸实践，激活销售团队的使命感，提升销售业绩，从而建立长期不断的成功。

蔡晓月

复旦大学经济学院副教授、国际商务硕士项目主任

  销售是一门艺术，也是一门科学。锡安在多年销售工作经验积累之上，提出了对于销售的独特理解。从双赢销售的概念出发，总结出六步法实践规律，可以帮助销售人员打开一扇销售新视角的窗户。

陈东锋

广东省首席信息官（CIO）协会副会长，曾任多家世界500强公司副总裁/CIO

  在数字经济时代，企业发展和竞争越来越以服务客户为中心。销售人员除了达成销售业绩，在创造客户、提升客户价值、与客户共同发展等企业经营方面发挥着越来越重要的作用。程锡安先生基于多年世界500强公司销售经验，提出了双赢销售思维底层逻辑及销售六步法实操方法论，对于企业销售部门转型升级、销售人员能力提升、销售数字化都很有指导意义。

郭俊杰

樊登读书联合创始人

  随着社会发展和科技进步，销售管理的理念和工具都在发生新变化。程锡安是一位有着超过18年销售管理经验的老兵，更难能可贵的是他把实战经验通过思考提炼，形成了视角非常新颖独特的双赢销售思维且付诸文字，值得大家一读！

黄光宇
前宝洁公司大中华区电池产品董事总经理

双赢销售思维是那么合情合理，却知易行难；往往多见于口头禅，少见于行动。程锡安先生娓娓道出双赢的方法论，让读者能落到实处。同时他指出落实双赢的动力来自于销售的使命。这使命贯切始终，当双赢思维变成日常，突破便不再是偶然！

林雯诗
前康德乐医药中国区总裁

一本令人惊叹的书，作者程锡安能够无缝地将"推"和"拉"两种不同的销售概念融入到一起并与客户建立终身信任关系。他的实践经验将带领我们经历一个旅程，能够以产品和服务为中心的销售管理策略融入到独特的客户伙伴思维管理体系中，从而为自己和公司开辟了更多的机遇之窗。正如中国古语所说，立身先立德。以德服人，无往不胜。

彭治耀（Yul Phang）
Sinoton合伙人、前德国麦氏（Merz）大中华区高管

市场上不乏谈及双赢销售方法的书籍，但读到一本不仅基于学术研究，而且还借鉴了从业经验的《双赢销售思维》，确实令人耳目一新。我们的团队有幸与作者及其团队合作，从一开始就以需求匹配为基础，并发展成为长期战略合作伙伴。双赢是企业成功的根本，尤其是在商业生态经历迅速变化的时候。强烈建议阅读本书，并多次阅读。

沙梅恩（Shameen Prashantham）
中欧国际工商管理学院国际商务及战略学教授、副教务长、MBA课程主任

销售能力对大公司和小型初创企业都至关重要。在中国这个全球竞争最激烈的市场之一，程锡安先生借鉴了国际公司的丰富经验，在《双赢销售思维》一书中提炼出了销售方面的实用见解。无论你是销售新手，还是经验丰富的管理者，本书都可提供宝贵的借鉴。

于保平
复旦大学管理学院商业知识发展与传播中心主任

销售工作需要去卖东西，但不只是卖东西。销售是在价值交换中实现商品的价值，销售是利他与实现自我的纽带，销售是商业正义实现的途径——任何管理者都应该具有双赢销售思维。打开《双赢销售思维》，开启销售思维升级之旅，享受销售带来的乐趣。

翟锋
CPE源峰董事总经理兼首席运营官，前宝洁大中华区销售总裁

销售不是简单的卖与买，也不是追求单方利益的最大化，真正实现双赢才是销售的最高境界。《双赢销售思维》通过作者近20年在多家全球知名的消费品跨国公司的销售实践和经验总结，系统地阐述了销售的本质和如何建立双赢思维实现双赢销售，理论结合实操，深入浅出，是专业销售人员和企业管理者一本很好的工具书。

张顺元
上海庄臣有限公司大中华区集群副总裁及总经理

销售是一门古老的艺术。两千多年前，韩非子就说："凡说之难：在知所说之心，可以吾说当之。"后来又有古语，"达人达己，成己为人"，把销售又提升了一个层次，追求双赢。我和锡安在宝洁公司共事多年，宝洁一度把销售部改为客户生意发展部，追求价值共创，进入了无我的境界。其中的玄妙，值得大家一起来探索。程兄古道热肠，融汇中西，尽得其中之妙。

张宇
中欧国际工商学院战略学教授

　　《双赢销售思维》是程锡安先生在多年的工作和学习中，自主摸索、总结和提炼出来的一套行之有效的成功销售的方法论。我读后认为其特点有三：一是从客户价值着眼和出发，强调与客户共创和共赢，可以广泛应用于不同的行业和场景；二是提供了一套完整有效的六步法实施框架，容易学习和上手实操；三是有很多作者历年来在各大世界500强公司从基层到高层一线实操的案例和经验，让读者可以对照理解、学习和提高，从而更有体验感。相信本书能帮助读者有效提升销售理念和技能，从而达成双赢的销售。

张遇升
杏树林公司创始人

　　讲销售方法的书很多，讲双赢思维的书也不少，但能把这两者结合起来讲透，还能落地的就很少了。好的作品总是能从我们习以为常的观念之中建立起新的联系，还能帮助我们采取新的行动。《双赢销售思维》就是这么一本书。

目 录

推荐序　打造企业增长的基石　　　　　　　V
前　言　　　　　　　　　　　　　　　　　XIII

第一章　销售与双赢　　　　　　　　　001

销售的使命　　　　　　　　　　　　　　004
双赢思维是什么　　　　　　　　　　　　008
双赢的基础：建立在自身价值之上　　　　011
双赢的目标：建立利他思维，追求长期价值　019
双赢的过程：互动与共创　　　　　　　　024
小结　　　　　　　　　　　　　　　　　026

第二章　双赢销售思维的定义与内涵　　031

销售的"呼"与"吸"　　　　　　　　　034

一切交易源于需求 039

业务关系的发展源于价值共创 047

客户第一是最佳利器 050

小结 055

第三章 六步法之第一步：建立关系 059

从双赢销售思维到六步法 060

第一步：如何建立关系 064

建立自我认知和表达，包装你自己 065

了解你的客户，进行客户渗透 072

有效的互动，掌握沟通技巧 081

小结 087

第四章 六步法之第二步：确定需求 091

什么是需求 092

SPIN销售技巧：理解、挖掘并确定需求 096

确定需求的时机 109

处理反对意见，转化并理解需求 111

小结 116

第五章　六步法之第三步：表明价值　　119

顾问式销售，匹配才是真正的价值　　123
说服性销售技巧，提升价值的传导力　　137
找到关键人物，表明价值事半功倍　　141
小结　　145

第六章　六步法之第四步：达成交易　　149

破解商务谈判及相关理论　　151
成功谈判的前提：做好谈判准备工作　　162
理解双赢销售思维，让商务谈判走向成功的交易达成　　173
小结　　183

第七章　六步法之第五步：提升双赢　　187

提升双赢的设计模板：联合生意计划　　190
联合生意计划的进阶：从战术到战略　　205
小结　　218
附录：实践JBP的5个阶段和10个步骤　　220

第八章　六步法之第六步：长期双赢　　223

从关注产品到关注客户，从产品驱动到客户驱动　　226
从关注交易到关注价值：价值的交换、共创和连接　　236
关系型共创模式的设计与应用　　245
关系型共创模式带给企业的机遇和挑战　　251
小结　　253

尾　声　销售的使命　　255

后　记　　263

推荐序
打造企业增长的基石

"什么事让你现在睡不着觉？"

这是我参加公司全球管理层会议时，首席执行官（CEO）每次都问的第一个问题。作为一家跨国企业的中国区负责人，我和公司的核心领导者会围绕业务，提出各种重要或紧急的事项。然后所有人最关注的问题，往往都聚焦为"业务如何增长"。而业务如何增长的种种策略和行动，最后都要落在"满足客户需求，实现销售目标"上。

我相信这是绝大多数企业所面临的常态。今天的企业管理者，睁开眼睛就要解决各种问题。从行业需求波动到消费者研究，从产品供应保障到现金流，从渠道合作和市场竞争到人才争夺与文化建设，所有这些问题在业务增长时都不是问题，因为增长创造了员工对未来的信心和企业放手调整的空间。企业管理者的绝大多数问题，都可以在增长中找到答案。而维持增长的种种努力，不论是战略制定和实施、市场营销和品牌定位、客户管理和精益运营，还是组织发展或数字化转型，都必须以客户买单、实现销售为最终结果。

面对依然处于新冠肺炎疫情的社会，在快速变化、复杂而不定、需求红利下降的市场中，企业如何才能抓住"增长"这一核心问题？面对令人眼花缭乱的企业管理理论、市场营销体系，管理者如何才能让业务的根基坚如磐石，让增长的手段回归本质？

彼得·德鲁克说："企业的目的在于企业之外。企业目的只有一个，那就是创造客户。"

无数的企业管理者在实践中证实着德鲁克的观点，众多的营销理论和书籍尝试回答如何增长的问题。或许企业管理者的思考和分享就该是百花齐放，横看成岭侧成峰，没有人有完美的答案。但在我看来，程锡安先生的《双赢销售思维》，是一本直击增长本质，有理论体系和实战方法的好书。

程锡安先生有18年的销售职业经验，具备三重融合优势。一是行业及销售岗位的融合。作者在快消品、IT（信息化）咨询、医疗健康、母婴行业都有扎实的销售岗位历练，从一线经销商、零售客户管理、大客户咨询服务，到电商运营、新业务拓展，直至大中华区销售负责人，经历过几乎全部销售角色的考验。二是外企专业能力和中国本地市场理解的融合，从宝洁

推荐序　打造企业增长的基石

销售部的管理培训生开始，程锡安不断把外企系统化的销售知识和工具，应用到众多行业和本地客户销售工作上，积累了大量落地实效的案例，而信手拈来的传统文化解读，又印证了中外智慧的相通。三是理论与实践的融合。作者不满足于实际工作的经验养成，百战归来再读书，通过中欧国际工商学院国际高级工商管理硕士（Global EMBA）课程、瑞士洛桑国际管理学院（IMD）全球商业领导者项目，精研理论，结合实战，逐渐形成了自己的双赢销售思维模型：以满足客户为基石，价值共创为核心，和客户共同成长为目标的创新销售理论。

我认为本书在三个方面拥有独特的价值，一定可以给读者带来有益的启发。

第一，呼吸之道，定义销售的使命。

企业和客户因销售行为联结在一起，双方产生互动，本是司空见惯之事。作者创造性地以"呼"和"吸"来比喻销售工作的本质作用：销售的基本工作是个由内到外的过程，不断理解自身价值，并匹配客户需求，形成价值交换。整个过程类似于呼吸中的"呼"。销售的进阶工作又是个由外到内的过程，通过和客户的交流和市场需求的反向传递，倒逼组织进行以客户需求为中心的产品研发和运营体系的迭代升级，进而提高自身价值。整个过程类似于呼吸中的"吸"。正是在这样的"一呼一吸"之间，双赢销售的模式真正实现了既帮助客户成功，也帮助企业自身成长！

销售的使命也因此得到了升华！销售人员不再是企业简单的利润和销量的追求者，更是企业获取市场和客户洞察的宝贵通道。企业的销售部门天然地目光向外，生产运营和保障部门天然地目光向内。如果外线销售人员有向内帮助企业提升竞争力的自觉，内部运营员工有向外客户第一的视野，企业的经营一定如《易经》中的泰卦，天地交互而内外通达，面对挑战而泰然自若。

第二，六步锦囊，提供实战工具。

作者在18年的外企销售岗位上接受了专业化培训，掌握了众多模型、方法论、分析工具和销售技巧。单独使用其中一两个武器不难，难的是将"大珠小珠落玉盘"的零散术数，变成"提纲挈领、纲举目张"的系统秘籍。作者开拓性地把实现双赢销售的过程总结为六步的路线图，在每一个步骤中提炼出极具针对性的若干工具和销售技巧，最大限度帮助销售人员解锁通关，按照销售达成的进度和场景亲授锦囊妙计。这里略举数例：

核心步骤一：建立关系，差异化竞争优势（POD）自我陈述，系统化客户渗透；

核心步骤二：确定需求，SPIN①销售技巧——理解、挖掘并确认客户需求，处理反对意见四步法；

核心步骤三：表明价值，顾问式销售方式、说服式销售技巧；

核心步骤四：达成交易，商务谈判技巧——目标界限理论；

核心步骤五：提升双赢，联合生意计划（JBP）；

核心步骤六：长期双赢，关系型共创模式。

可以负责任地讲，作者提炼的以上每一个销售工具和销售技巧，都是外企的优秀销售人员多年来在众多市场实践总结而成的精华方法，值得致力于销售事业的读者认真研究练习，转化为自身能力，提升销售段位。

第三，双赢飞轮，企业进化之路。

作者总结了实现双赢销售的三轮驱动模型：从亲近客户理解需求开始，到和客户达成交易建立关系共创价值，最后以客户第一文化倒逼企业自身进步。这个高度概括的模型也蕴含着企业进化之路的密码。

"天下熙熙，皆为利来；天下攘攘，皆为利往。"在商业世

---

① SPIN是销售技巧，即实情探询问题（S, Situation Questions）、难点诊断问题（P, Problem Questions）、启发引导问题（I, Implication Questions）、需求认同问题（N, Need-pay off Questions）。

界里，无数企业创立、成长、消失，只有极少数能基业长青。是什么导致了不同企业间的发展差异？《枪炮、病菌与钢铁》的作者贾雷德·戴蒙德也问了一个类似的有关人类社会发展的核心问题：在现代世界，是什么导致了不同民族间的发展差异？为什么权力和财富的分配呈现出今天的格局——欧美文明席卷全球，非洲文明、南美印加文明、澳大利亚土著文明落后直至消亡？戴蒙德用这部巨著给出了自己的核心论点："各文明所生存的各大陆地理环境的差异，而非各人种的差异，最终导致了现代各民族的巨大发展差异。"

这个社会历史学观点，也对企业经营管理有着强烈的借鉴意义。企业的发展差异，不只是由经营管理者的智商和能力差异造成的，而更是由企业所处的环境和时代，特别是不同的企业对环境的不同态度和做法造成的。一个民族如果有幸生存于富饶的地理环境，主动探索自然，赢得大多数的关键互动时刻——获取食物、利用能源、制造工具，人口就能不断繁衍壮大，文明得以进步。一个企业如果有幸生存于活跃的商业环境，主动发掘客户，理解其需求，赢得那些关键互动时刻——达成交易、交换价值、建立长久双赢关系，销售规模就能不断增长，企业核心竞争力得以投资升级壮大。企业和文明的进化之路其实相同：以探索地理环境或理解外部客户为基石；以赢得每一个互动关键时刻来共创价值；以适应环境变化或满足客户需求

推荐序　打造企业增长的基石

倒逼自身进步。优秀的企业和先进的文明一样，如此循环递进，生生不息，终将拥抱星辰大海！

《双赢销售思维》，是帮助销售人员建立销售使命的一本书。所谓双赢销售思维，就是总经理思维，以全局视野、长期主义发展公司业务。所谓销售的使命，就是让销售人员成为企业和客户合作的纽带、价值共创的桥梁，以主人翁精神建设基业长青的企业。

《双赢销售思维》，也是帮助管理者建立销售思维的一本书。管理者是企业的销售第一人，深刻理解双赢销售思维，有利于管理者树立客户第一的企业文化，以客户和消费者为业务基石，设计有质量、可持续的生意增长引擎，呼吸天地，沟通内外，驾驭企业走上不断自我进化的康庄大道！

在这样一个充满变化的时代，所有希望打造企业增长基石的读者，都可以读读这本好书。

王澜

美德乐执行副总裁、大中华区总经理

前　言

改革开放40多年，中国民营企业的平均寿命依然很短，为什么？

短线操作心态普遍，中国企业的销售问题在哪里？

销售的使命是什么？如何才能让销售人员真正理解企业的战略并落地执行？"他山之石，可以攻玉！"中西方经济发展阶段不同、社会背景不同，但是其中对于销售的理解，西方500强公司的经验对于很多中国企业有着很高的借鉴价值。不论是渠道管理、销售技巧这样的销售之"术"，还是客户第一、价值为先这样的销售之"道"，都非常值得正在蓬勃发展的中国企业借鉴！

我的职业生涯是从销售人员这个角色开始的。销售就是跟人打交道，做业务。我在世界500强企业摸爬滚打了这么多年，做到了外企在大中华区的销售业务总负责人，却发现，中国企业所走的很多弯路是与销售部门对于企业战略的理解和落地过程密切相关的。别的不说，对"销售"两个字，不少人都存在误区。

首先是对于销售"形象"的误区。提起销售，很多人会自动联想到激情澎湃的传销人员，死缠烂打的保险专员，还有口若悬河的房产经纪。更多的人觉得销售人员的话可信度不高，销售这个岗位的门槛低，流动性大，找个靠谱的销售人员很难。

其次是对销售"目标"的误区。大家都知道销售人员靠提成，似乎所有的销售人员都是目的导向，有结果就有了一切。不仅外行看销售会存在这样的误区，很多企业内部对销售考核的设置也会有类似的误区，将奖金过度地挂钩到显性业绩之上，从而逐步造成了销售渠道问题的积压和爆发。

再次是对销售"成功方法"的误区。很多销售人员认为成功方法就是讲究关系网络，还有酒量。有很多民营企业的老板，因此不得不将所有的关系和网络掌握在自己手里，生怕手下拿到后跳槽，挖墙脚，把客户带跑。

由此造成了一些"销售难做，也难管"的现象。有些企业是创始人挑大梁，亲自做销售，却发现自己一旦放手，销售业务链就没有了顶梁柱，迅速坍塌。企业主不知道该如何搭建成熟的销售体系，解决青黄不接的问题。有些企业则是销售人员短线操作现象严重，捞一笔就走的心态比比皆是，挖坑后填不

前言

上就迅速跳槽。这种现象在不少行业颇为普遍，黑中介、挖墙角、跳单这些事情层出不穷。

很多事情是由发愿而来，这本书也是基于类似的愿景而生的。本书提出一个口号：让销售人员了解自己的使命！

没错，销售是有使命的。销售的使命是什么？我会在书中详细展开。销售部门的从业人员只有了解了自身的使命和价值，才会真正理解自己每天的工作和与客户之间的配合互动究竟对整个公司的成败产生了什么影响。而对于每个企业家和组织而言，最需要明确和了解的就是——如何让销售团队真正成为企业长期发展的源动力？销售工作只按照业绩的达成与否进行考核对吗？销售人员应该如何真正做到客户第一呢？

立本才能正身，正身才能成事，成事才能发展。本书的目的就是希望让企业主、销售负责人、销售人员共同认知并了解世界500强企业的强者秘籍，并破除原先对销售这个角色的固有印象，建立真正的成功基因，让销售人员成为业务发展的"超级发动机"！

为什么书名要叫"双赢销售思维"？

提到销售思维模式的书很多，但是双赢销售思维是笔者所提炼的销售发展的正道思维！虽然双赢是一个非常浅显易懂的词，但是真正能够理解透彻的并不多。本书的目的就是讲透双赢这个词，并让读者全面且清晰地了解双赢在企业发展中的重要价值，以及销售在实现双赢过程中所扮演的重要角色。

双赢销售是双赢思维通过销售这个窗口，让企业与客户和市场进行互动的过程。我将它形象地形容成"呼"和"吸"的过程。在一呼一吸之间，双赢销售的飞轮效应开始带动企业的迅速发展，而每个齿轮又是相互联动、相互作用的。这些，都将在书中详细分享和解释。

除了概念，更有实战的案例和技巧。在双赢销售思维的六步法中，双赢销售思维被分解成实操落地的六个核心环节。在外资企业打磨了这么多年，吸收了几百场不同内容和主题的销售培训的精华，笔者将它们打碎后，根据自己近20年一线的销售经验，进一步总结提炼。前三步更多地围绕着"Sales（销售）"来讲解业务怎样从无到有，而后三步则更多地围绕着"Business（业务）"来讲解销售如何推动业务从1到10，健康发展。每一章节，既有成功的技巧和建议，也有失败的教训和总结。

如果你是一位从事销售工作的人员，期待你的收获和反馈；如果你是一位非销售背景的管理者，期待你通过这些内容，真正地了解销售人员的角色和价值；如果你本身就是企业主，那么希望这本书的分享能够让你重新规划销售部门的考核机制和发展模式，并让你所在企业的每一位销售人员都能够带着销售的使命去工作，让你的企业战略能够真正通过销售团队践行并

前 言

实现!

中国正在走向历史性的机遇,中国企业在新形势下的传宗接代与走向世界也离不开优秀的国际化思维体系。或许,双赢销售思维可以帮助中国企业家做到更加系统和前瞻性的销售管理体系的搭建。

最后,期待通过这本书,与读者交流双赢销售思维的经验总结,理解销售的底层思维,掌握业务的发展逻辑。

现在,就让我们一起,打开双赢销售的世界吧!

第一章

销售与双赢

销售，在企业生存和发展中的角色是什么？销售部只是卖东西和收钱的部门吗？销售的使命又是什么？为什么要在谈销售的书中谈双赢？本章，我将帮助大家重新理解销售，理解双赢，以及它们在企业发展过程中的关键作用。

先让我们从三个问题切入——

有抽样调查显示，中国民营企业平均寿命仅3.7年，中小企业平均寿命更是只有2.5年；而在美国与日本，中小企业的平均寿命分别为8.2年、12.5年。改革开放40多年，很多中国企业一路从做大到做强，但第一个问题是：为什么还有这么多企业活不过三年？

不少人会觉得这一定是销售出了问题。因为企业办不下去，有很大的概率是销售无法达到预期、费用使用过度以及应收款不能按时回账导致现金流危机等原因造成。其实，上面所看到的原因只是冰山浮在水面上的表象，而不是真正的原因。更多时候，销售人员背负了巨大的考核压力，同时又看着相应的对赌式的刺激激励，这种偏重短期的考核模式决定了销售人员容易简单地以短期结果为导向，从而使得业务在发展到一定阶段后产生问题的积压效应，一旦爆发，便不可收拾。

世界500强企业之一，已经发展了180多年的宝洁公司将销售部定名为"客户生意发展部"——销售部门要发展的不是企业自己的生意，而是客户的生意。为什么要这样命名？这是第二个问题。

很多人对销售这个角色的认知是片面的。"销售部不就是跟客户谈生意的部门吗？""销售成功不就是搞定客户吗？"事实上，销售不仅是决定企业生存的部门，更是决定企业不断发展的部门。销售，生来就是带有使命的！

又有不少人说，如果销售的目标就是通过发展客户的生意来发展企业自身的业务，那么我们做到以客户为中心、实行客户第一的战略，企业是不是就能够实现基业长青了呢？这是第三个问题。

事实上，我在自己创业做咨询公司的阶段，拜访过很多国内的民营企业。我发现，几乎所有这些企业的会议室或者接待展厅中都会挂有客户第一的牌子，足可见他们对客户的重视。但实际上，战略思维如果缺少行动纲领和落地支持，那就只能是一句空谈。

为什么要提出并回答这三个问题？从一个销售老兵和业务

负责人的角度来说，笔者认为，销售关乎一家企业的生死存亡，想要做好销售工作，不仅要认识到销售的本质和使命，而且还要建立一套关于销售的底层思维，从而通过发展客户的生意来实现企业自身的发展。笔者通过多年的实战经验和理论研究，总结出世界500强企业之所以能够做到知行合一的底层思维逻辑，接下来一一展开。

销售的使命

什么是销售？销售从浅了说，就是卖东西。把公司的产品卖出去是销售，把自己营销出去也是销售。销售从专业上说，是匹配需求。这一点不难理解，后面我也会详细解释。销售从使命上说，是对接价值！销售人员不仅要不断地理解并满足客户的需求，给予他们合适的产品和服务，同时需要做好企业与社会对接的这扇窗口的工作，实现价值提供和价值创新。

国内不少企业对于销售部的定义理解得过于浅薄，并且在给到销售部考核指标的时候，非常单一地用目标达成率来评价其好坏。这是有很大风险的！同样的销售额，与目标客户需求的匹配度不同，直接决定了它最后实现的价值的不同。而销售部门如果只关注自己的所得，不关注客户的所需，那么不断累

第一章 销售与双赢

积的客户抱怨和负面口碑效应就会逐步让企业的价值受到损害。

销售人员，是需要带着使命去工作的！销售的使命是什么？销售的使命就是不断地理解并满足客户的需求，并和客户达成长期合作，进而实现业务的持续发展。销售的关键在于价值提供和价值创新，一个企业如果对社会没有价值，那么必然失败；一个企业的产品很有价值，但是销售人员没有卖好这个产品，或者没有把这个产品对接给最需要它的客户，那么企业也很难按照应有的速度和方向发展。这也是很多企业无法活过三年的原因。

因此，销售部可以说是企业的命脉部门，企业的寿命和销售工作的好坏直接相关。如果销售人员只是实现交易，而不关注客户体验和服务口碑，那么生意必然越做越小。如果销售人员没有满足客户需求，那么企业的竞争力下降，投入产出不成正比，业务也必然难以发展。所以，销售工作做什么？为什么而做？怎么做好？这几个问题都会与企业的安身立命和基业长青息息相关。那么，如何将销售的使命和销售的日常工作结合起来？

既然销售的使命是实现企业的业务持续发展，那么在销售的日常工作中，客户是一个关键的对象。企业的战略是否能够成功地在市场中实现，客户的认可度和满意度是非常重要的。因此，战略落地需要依靠销售工作，销售人员作为企业对外的窗口，必须围绕着客户的需求去开展工作。很多人可能会问，那是不是按照客户第一的方向去做就好了？笔者认为，那就要看你对客户第一的认知是什么了。

开宗明义地说，客户第一不是一句口号，而是需要被落地执行的战略。销售工作也不只是搞定客户、拿回订单，而是成为推动业务发展的发动机。企业战略当如何理解？如何执行？销售人员的角色和实际的日常工作很大程度上决定了最后的客户体验和客户认知。

宝洁把销售部定义为客户生意发展部，并不只是一句口号而已。事实上，整个宝洁对销售部的培训体系，都是建立在对于生意的理解以及如何帮助客户发展业务这个轴心上的。不论是销售技巧、财务管理、物流管理，还是渠道管理、人员覆盖模式和单产提效，所有的这些培训内容所围绕的中心都是帮助和推动客户把生意做好。

所以，销售工作不是光让自己的企业获得成功，而是应该让客户的相关合作业务获得发展。甚至，你也可以倒过来理解，只有客户的业务获得发展，你的企业才能获得更大的成功！于是不少人会说："那我明白了，这不就是双赢吗？你赢我也赢！"确实，双赢思维是帮助销售人员实现使命的重要途径，而且我们这本书要讲的双赢思维远不止此。

用双赢思维实现销售的使命

有些人认为销售就是一个售卖产品的动作和过程，然而我会把"销售"更多时候和"业务"看成一个概念。"Sales（销售）"和"Business（业务）"之间最大的不同就是前者更多地强调如何卖出更多的东西，而后者更多地强调与你的客户一起把生意做大。

如何与你的客户一起把生意做大呢？这里就不得不提到双赢思维在销售使命达成过程中的指导作用。我们在前文所看到的客户第一是否真正成为企业战略的落地过程，是否真正让每次的交易成为企业口碑在客户心中建立和传播，双赢思维是不可或缺的。为什么很多的客户第一流于口头，是因为很多企业只会关注自身的业绩结果，而把客户买单作为实现自身业绩的路径，而这样的客户第一最后落地到销售过程中会变成业绩第一或者自身第一。

只有真正地理解双赢思维的本质，才能将客户第一贯彻到战略到执行的落地，也只有这样，销售最终才能够实现它的使命，就是不断地理解并满足客户的需求，并和客户达成长期合作，进而实现业务的持续发展和企业的基业长青。

到这里，笔者已经解释了销售与双赢之间的关系，以及双赢思维作为一个底层思维所起到的重要作用。那么什么才是真正的双赢思维呢？

双赢思维是什么

职场生涯到现在，我经历了三家世界级的500强公司，听过几百场销售方面的职业培训，发现大家都很喜欢用一个词，叫"Win-Win"，也就是"双赢"。双赢似乎已经成为一个被用滥了的词，大家常听到这个词，但往往对其只是一知半解，并不一定理解其本质含义；甚至有些时候，它成了口号式的词语，并没有什么实际的含义。

本书讲的是双赢销售思维，双赢在销售之前。要了解销售思维，首先要了解双赢思维。什么是双赢思维呢？我先讲一个关于阿里巴巴非常有名的故事。马云在创业之初就鼓励员工，"做生意，普通业务人员总是盯着客户口袋里的5块钱，希望赚到那5块钱，而现在，我们要做的是不要盯着那兜里的5块钱，而是帮助客户去挣到50块钱，而当客户挣到50块钱后，自然会愿意掏出兜里的5块钱来酬谢我们"。

这个故事谈到了从利他的角度来获取双赢，但它其实并没有讲透双赢思维的本质。比如说"为什么你能够帮客户挣到50块钱？"以及"要在多久的时间内挣到50块钱？如果短期内挣

第一章 销售与双赢

不到,我是不是就应该不要花时间在这个客户身上?"。确实,双赢思维并不像它的字面意思看起来这么简单。

关于双赢,普遍来说有三个误区。

第一个误区就是双赢是没有壁垒的。换句话问就是:"你觉得你可以跟任何人实现双赢吗?"不见得。其实双赢有两个前提条件,第一是你有没有别人想要的东西?换句话说是价值。另外还有一个前提条件,对方有没有你想要的价值?所以,双赢不是简单地对双方有利,而是双方都可以从中获得价值。从另外一个角度来说,双赢是建立在双方都具有一定的自身价值基础之上的一种合作方式。

第二个误区就是双赢只存在于长期交易关系中。谈到双赢,你认为是短期的还是长期的?对于这个问题大部分的人都会回答:是长期的。也就是说,普遍的认知里,双赢这种合作方式不会在一次性的交易中发生。但是,你有没有发现,很多的交易只会发生一次。比如你路过的一个水果摊,或在异地的某一家咖啡馆,就因为当时当地的环境决定了你们做一次性的交易,买了一单水果或一杯咖啡。如果是这样,是不是就没有双赢了呢?其实不是。如果你把双赢的边界认定为当次交易的总价值,那么它确实是有限的。但是如果你把你的客户不只是当成一个客户,而是一个传播渠道,那么你对待他的方式和他会给你带来的价值就很不同了。所以,在双赢思维中,价值不光是指交易价值，也包含由交易带来的潜在价值。因此，并非只有多次交易的场景才值得去谈双赢，而是在任何一个销售或交易场景中，都需要本着双赢的思想去合作。

第三个误区就是双赢只存在于彼此认可的关系中。销售的场景中，有太多各式各样的合作伙伴，有些合作伙伴和你投缘，那么自然合作场景非常协调；但有些合作伙伴非常难搞，甚至不讲道理、背信弃义，那么这种情况下是不是就无法双赢了呢？事实上，所有的合作伙伴都可以给你带来双赢的机会，前提就是双方的互动和共创是不是在给对方带去价值，而不是带去消耗。很多成长起来的企业会感谢竞争对手的打压。尼采说，但凡不能杀死你的，最终都会使你更强大。很多客户也会通过严格的质量验收标准来促进产品企业的流程管控体系的升级。因此，正面且积极的互动关系在很大程度上决定了你和你的合作伙伴以怎样的心态来进行互动并延续这个合作，而在长期关系体系中你们之间的互动和共创也在很大程度上决定了你们的互动所能够带来的价值创新能力。

到这里，基本上已经把我所认为的双赢思维的基础定义展开来了。简单来说就是三层意思的整合（图1-1）：

双赢思维，是建立在自身价值之上，以追求长期价值为目标，用互动和共创的积极合作关系来促进价值增值和裂变的思维方式。

图1-1 双赢思维的三个维度

想要更加具体地理解这个定义，需要将三个维度的核心内容一一展开叙述。希望大家暂时忘掉之前对于双赢这个词的理解，用一张白纸的心态来看待我给你勾画一幅新的双赢思维的素描。

双赢的基础：建立在自身价值之上

双赢，或者说业务合作，本身就是建立在自身价值和交换条件上的。在双赢合作的过程中，有三组问题可以经常问自己：

1. 你知道你所在公司的品牌、产品，还有个人及团队的全部属性、资源和服务体系的内容吗？你的产品和服务的价值与你的竞争对手相比如何？其中最为特别的且竞争对手无法提供

的又是什么？（价值独特性）

2. 你了解你的客户吗？你知道他们最迫切需要的东西是什么吗？你知道自身企业的这些产品对于不同的客户的不同价值是什么吗？（价值匹配度）

3. 你的客户知道你所了解的这些价值吗？你有充分地表达过你的价值，或者提供过相应的内容素材能够让对方知道你拥有的这些价值吗？你找对客户的关键决策人了吗？（价值传导力）

这几个问题所提到的情况其实非常具有普遍性。在企业中，随处可见夸夸其谈的业务人员，或是因为在公司的时间太短，或是由于所在部门相对信息了解渠道太狭窄，他们并没有完全了解到自身企业所拥有的产品和资源的独特之处。而当他们面对客户的时候，也没有做足够的市场调研，不了解客户真正的需求，而是千篇一律地对所有客户做着相同的介绍，因此无法让客户感知到自己被重视和被理解。所以，不论是价值的独特性、匹配度还有传导力，都是在双赢合作中需要被关注的核心内容。

当然，在这里提到的自身价值，更多的还是以独特性为前提的。那就让我们来看一个商业案例，更好地理解这个独特性。

不久前，零食市场出现了一个叫抱抱果的东西，还带着一个很好记的广告语：抱抱果，抱抱我。甚至还有QQ表情包！其实它只是百草味推出的一个果干产品，红枣里面裹着核桃仁，但就因为这个名字，带来了无限的好奇和尝鲜。零食领域历来都是市场竞争最激烈的领域之一。作为一个零食品牌，百草味的独到之处就是创造了超出食品本身的价值。

红枣、核桃仁，本来各自都是非常有营养的食材，抱抱果的组合很好地把它们整合到了一起。同时，抱抱果在产品设计上，也玩出了诸多花样，比如有送长辈的礼盒、过年的礼盒、日常办公室的礼盒，设置了各类场景，大大增加了大家去吃它的理由。此外，利用其他IP[①]的加持——不管是杨洋的代言和背书，或者是动漫IP特供装的定制，都使得整个产品变得更加有生命力。

百草味不仅找到了自身的特殊价值，还做了非常多的营销活动，充分把这个产品的卖点和有趣的营销场景带到了消费者面前，让消费者参与其中，共同传播，这就使得这个产品迅速在市场中打开了渠道，获得了很好的市场效果。

你看，同样的红枣和核桃仁，却被做出了完全不同的产品和价值感。关于自身价值的解读，这里不得不引入一个重要的

[①] IP（Intellectual Property），是一个网络流行语，直译为"知识产权"，该词在互联网界已经有所引申，可以理解为所有成名文创（文学、影视、动漫、游戏等）作品的统称。也就是说此时的IP更多的只是代表智力创造的比如发明、文学和艺术作品的版权。

理论体系：差异化竞争优势。

差异化竞争优势是什么？很多公司会管它叫POD，即所谓的"Point of Difference"。一个更加形象的表述可以是这样：我们在面对相同的目标用户和类似的需求的时候，什么是我们和竞争对手的不同之处。

简单来说，差异化竞争优势就是品牌拥有，竞品没有，但是消费者又非常愿意认可并且赋予价值的。你可以理解为："人无我有，人有我优的卖点！"在之前的案例中，所有零食品牌都提供了产品，或者说食材，但并不是所有零食品牌都提供了相关的吃法、场景和包装IP，而这些就是为什么百草味可以获得市场先机的原因。

我在瑞士洛桑国际管理学院（IMD）学习的时候，他们用下面这张图（图1-2）来表达POD，我觉得非常精妙，其中最重要就在于它把POD描述得非常精确，并且可以用按图索骥的方法去发现自身价值。

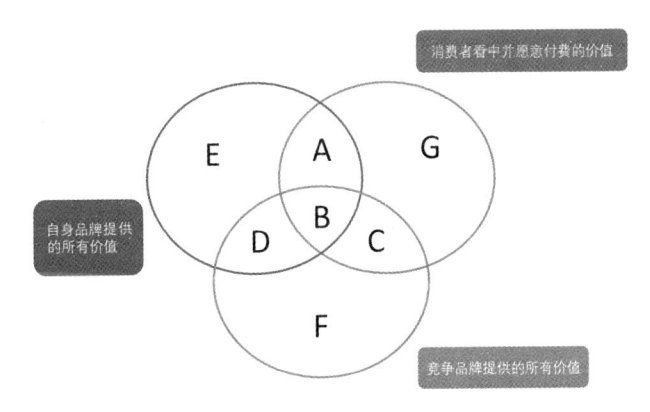

图1-2　差异化竞争优势总概括图

消费者（客户）的需求用右上角圈表示，我们通常可以叫它消费者的理想需求。左上角的圈，是本品牌所提供的产品价值和品牌价值，而正下方的圆圈则是某核心竞争对手给出的产品价值和品牌价值。当我们把这三个价值圈叠在了一起，可以发现共有7个不同的部分，每个部分都有不同的含义：

A：本品牌所具有并表达且消费者非常认可、愿意付费的价值。

B：本品牌和竞争对手都具有并表达且消费者非常认可、愿意付费的价值。

C：竞争品牌具有并表达且消费者非常认可、愿意付费的价值，而这个价值本品牌并没有具备或表达。

D：本品牌和竞争对手都具有并表达但是消费者并不认可，且不愿意付费的价值。

E：本品牌所具有并表达且竞争对手没有，但是消费者并不认可也不愿意付费的价值。

F：竞争对手所具有并表达但是本品牌并没有，且同样消费者并不认可也不愿意付费的价值。

G：消费者认可且愿意付费的价值。但是不论本品牌还是竞争对手都尚未具有或表达以赢得消费者的认可和付费意愿的价值。

当然，这些含义是在特定场景中针对特定品牌和特定消费者而言的。例如，我们把一个消费场景放在这个图中（图1-3），以本品牌佳洁士美白牙膏（绿茶香型）和竞争对手高露洁固齿牙膏（留兰香型）作为比较，对于一个喜欢留兰香型但更关注是否可以美白的消费者来说：

A：佳洁士牙膏可以美白牙齿

B：两者都可以预防蛀牙

C：高露洁牙膏是留兰香型

D：两种牙膏都是最新的软管包装

E：佳洁士牙膏是绿茶香型

第一章 销售与双赢

F：高露洁牙膏可以超强固齿

G：消费者牙龈敏感，容易牙龈出血

放到图1-2里面，大家就会非常清晰且容易地看到：

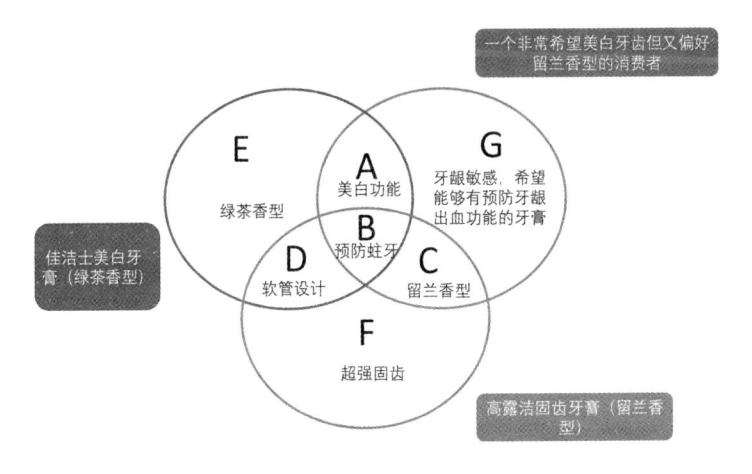

图1-3 POD示意图在具体场景化下的应用

当我们去观察一个品牌/产品的差异化竞争优势的时候，可以通过这张图更好地来理解它们为什么能够获得消费者的青睐和喜欢。每个品牌都希望扩大自己在消费者（客户端）愿意付费的价值部分，也就是减少E和D的面积，而增加A和B的面积。而其中，B的部分由于是其他品牌也同步给到消费者的无差异价值，因此，这个部分面积的大小并不能决定品牌/产品应该获得的市场价值认同。而只有A（所谓本品牌提供而其他品牌没有，消费者认可且愿意付费的价值）的部分越大，其消费者认同所产生的溢价才会越大，这也是自身价值最重要的部分。

回到最初所提到的几个关键问题，我们是否了解自身双赢的壁垒和基础？也就是我们自身的独特优势。价值的独特性决定了你是否拥有获取客户的价值基础，价值的匹配度决定了你与客户之间的对话和双赢的空间，而价值的传导力其实就是销售的过程。我们现在先通过这样一个简单的模型来理解双赢的基础，找到自身的A点，也就是最有独特性价值的部分。它包括了你所特有的资源、专利、技术、不可替代的特质（包括企业和产品所拥有的历史、文化、代表人物）等，其中重要的甚至可以上升到企业战略资源，例如：

1. 极其有价值的（Valuable，例如专利）；
2. 稀有的（Rare，例如天然特质、某种特别的材质）；
3. 不可模仿的（Inimitable，例如年份、历史）；
4. 不可替代的（Non-substitutable，例如特定区域或自然资源等）。

这些总结的信息都很重要，但是也要注意如何与目标客户需求之间合理地匹配和表达，在独特性、匹配度和传导力都被充分表达的情况下，自身价值才会得到最全面的充分体现。这个部分牵涉到不同客户的需求针对、针对性的POD策略设计，以及相应的销售过程，我在后面的销售策略中会详细分解。

双赢的目标：建立利他思维，追求长期价值

什么是长期价值？长期价值就是既包括一次或多次交易所带来的显性价值，又包括由这个交易所带来的隐性价值。

双赢的目标是什么？一定不是一次交易，而是希望更长线地将双方的合作关系维护下去，并通过合作进一步将彼此的关系进行有效推动。这是显性的价值。而另外一块则是交易所带来的隐性价值，这一块往往会被忽略。隐性价值是指这个客户本身所具备的资源和影响力所带来的潜在的生意影响力，它并不依附于这个交易本身所带给你的直接收入价值。举个例子，就好像某大明星下馆子，然后他与店主的合影被挂在了店招上，用来显示店主交友关系的广泛和馆子菜品口味所得到的高度认可，这个交易的隐性价值（明星背书）远远高于其显性价值（就餐消费）。

双赢思维定义中的第二部分，就是对于业务长期价值的认定。作为具备这个思维特征的人，其所看到的交易中的显性价值是根据时间的长度来放大的，而不在于一次交易的大小；更

重要的是，他能看到这个业务本身所带来的隐性价值，并且愿意为获得这个隐性价值而做出相应的投入。

那么，如何才能获得这样的长期价值呢？

实现长期价值的路径：利他思维

有一个经典的案例就是地狱和天堂的喝汤试验。话说有一锅非常美味的汤，放在所有人的中间，每个人只配备了一个长柄的勺子，柄的长度远远大于每个人手臂的长度，如此才能够到中间的汤锅，但是无论你怎么调整勺子的方向和握法，都不可能喝到自己舀起来的汤。于是乎，两幅迥然不同的场景出现了。在地狱里，大家争先恐后地用各种方法给自己舀汤喝，因为汤勺柄太长而砍断汤勺柄，结果汤勺柄太短就盛不到汤；抢别人手里的汤，结果汤洒了一地，谁也喝不到；还有气急败坏的干脆把汤锅搞翻过来，大家都喝不成；皆是各种用蛮力但无果的方法。而在天堂，却是另一番景象，大家虽然一开始也有问题，但是因为看到别人喝不到，从为他人着想的角度出发，干脆把自己盛来的汤递到别人的嘴前，看到对方喝到了汤，自己也很开心。于是乎，受益者也纷纷效仿，彼此递汤和喂汤，其乐融融的同时每个人都喝得很满足，因此，每个人都洋溢着笑容。那些给予别人更多的，自己也往往会得到更多。这就是利己思维和利他思维给自己和他人带来的截然不同的结果。

第一章 销售与双赢

利他思维是双赢思维的一个最重要的基础思维,其本质是将眼光放在对方的需求上,而不是放在自身的需求上。只有将利他思维融会贯通到业务发展的方方面面,所谓的"客户第一,消费者至上"才能够真正实现。亚当·斯密在《道德情操论》写道,"以他者为念甚于为己而谋、抑己之私而行仁于外,人类天性之完善以此构成"。亚当·斯密所倡导的人本主义的市场经济与利他思维息息相关。

前文中,提到过宝洁公司将销售部命名为客户生意发展部的案例,其实不仅是针对业务合作伙伴,宝洁针对消费者,有着更强的利他思维。在180多年的公司成长历史中,宝洁始终坚持的一句企业使命口号是"Touching Lives, Improving Life",翻译成中文叫"亲近生活,美化生活",我认为中文翻译缺少了英文本来的神韵。更全面地说,这句口号可以理解为:"我们通过理解消费者的生活和需求的变化,来研发提供满足他们生活品质的产品。"在1837年宝洁公司刚刚成立的时候,公司生产的其实只是蜡烛和肥皂这样的基础产品。而时至今日,宝洁已经在生活消费品的各个领域,迭代了无数产品,玉兰油、SK-II、海飞丝、佳洁士、舒肤佳、帮宝适等,这些被广为人知而且被每一代消费者喜欢和认同的品牌在全世界各地繁荣发展。为什么?因为价值是从理解你的客户的需求开始的,Touching Lives 就是理解你的客户,Improving Life 就是提供你的价值,让他们过得更好。这样的利他思维奠定了产品升级和破圈的底层逻辑，不满足于现有的产品，不断地理解消费者并做到极致的产品设计和研发。没有最好，只有更好！

宝洁的这套思维模式其实被非常多全球的消费品公司所效仿和推崇。因此，沉浸式消费者研究也成为大部分消费品企业的市场营销部门的日常工作。不过，并不是所有市场营销人员都能够做到完美。

在自己的职业生涯中，我也见证了一个真实的现在看起来耗费了几个亿代价的案例——"想做中式汤的金宝汤"。

金宝汤公司是一家曾一度位列全球500强的美国食品公司，在进入中国的时候抱有开创汤品全新局面的远大抱负。本着将全球汤品的精品带入中国市场的想法和理念，金宝汤致力于为中国的老百姓做属于中国的速成汤。2008年时，这还是非常新的理念，美国人不惜重金，在中国投入了巨额的研发成本、广告投入和渠道开拓费用。

产品在经过一年多的研发后陆续推向市场，但是一开始却不怎么受欢迎。先期开发的好几款核心口味产品，例如坚决不添加任何味精的史云生清鸡汤、坚决使用本地食材并有汤有料的老鸭扁尖汤。平心而论，我个人真的很佩服他们在产品理念上的坚持和保障品质的决心，确实做到了真材实料，"以消费者的口味和健康为研发基础"。

第一章 销售与双赢

然而事与愿违，产品上市后消费者反响却很一般。两年以后新产品费用砸完了，公司不得不退回到一个相对保守的贸易代理商模式。原先构想的非常美好的业务模型受到了本质挑战。是因为金宝汤业务人员不够专业吗？不是。早年，金宝汤的"红白罐"所代表的浓缩汤系列风靡世界，被广为接受并成为很多餐馆的半成品汤的供应者，例如蘑菇奶油汤、鸡茸粟米汤等，都成为西方餐桌上最受欢迎的产品。但是在中国，文化性偏差造成了对产品的需求的不同。即便产品再好喝，在中国这样一个有着千年美食文明和对汤的营养甚至调理功效笃信不疑的文化环境中，又有多少人因为快生活节奏而愿意为一包半成品汤买单？更何况消费者对于半成品的食材是否新鲜、汤品的营养价值是否有流失等问题，也存在天然的疑虑。而这些疑虑在当时并没有得到很好的回答。在中国市场上，金宝汤尽管出发点非常好，且产品在市场上独树一帜，但是对本地文化和消费者心智习惯的理解所产生的偏差还是导致了业务发展中的重大挫折。这也算是几个亿买回来的市场教训了。

"己所不欲，勿施于人"，这句源自《论语》的孔夫子名言谈到的恰恰就是双赢思维所代表的在实现长期价值过程中对于利他误区的防范。不论你有多么地希望追求长期价值、追求利他，匹配性仍然是价值是否能够最终有效被认可和实现的重要前提。双赢思维也代表着尊重和理解他人。我们既要积极地追求长期价值，保持利他之心，但同时也要明确何为"真正匹配他之所求，匹配他之所需"，这样就一定能够取得不错的成果。

双赢的过程：互动与共创

一个非常经典的游戏是这样的：两位掰腕子选手上场，在规定的一分钟时间内，只要A将B掰倒，则A获胜，B方的后援团（投资方）将给到A一个金币；而反过来，如果B获胜，则A方的后援团（投资方）将给到B一个金币。

通常出现的比赛情况都是A、B两个人拼得面红耳赤，不相上下，好不容易一方获胜，则获胜方欢呼雀跃，高兴不已。后面来了一个挺有想法的青年，代表A方，他上来不到一秒钟就输掉了比赛，让对方获得了一个金币。由于一分钟时间还没有到，双方又继续进行了第二轮较量，同样，他还是非常快地输掉了比赛，又让对方获得了一枚金币。十秒钟过去，对方已经获得了5次胜利。这时，B方的选手有点纳闷了：为什么他这么轻松地放弃了比赛呢？正在纳闷的时候，这位A方选手突然发力掰倒了他，然后对他眨了一下眼睛。哦！B方选手突然间就明白了——其实他们不应该只是为了挣一个金币而拼得面红耳赤，而是应该在规则范围内看能否挣更多的金币，因此这其中最大的成本不是力气，而是时间。

两个人非常有默契地你来我往，而且速度越来越快。你胜一次，我胜一次，当一分钟的时间到了，一个人胜利了20次，而另一个则胜利了25次。

台下的后缓团（投资方）也傻眼了，但是即便如此，又能怎么样呢？规则是他们定的，所以只能各自拿出了该拿出的部分给到对方选手。

后来，两个选手下场打趣的时候B方选手跟对方说，如果我不理解你的意图，就是不让你赢，你怎么办？

那个青年人哈哈一笑说："没关系啊，反正你获胜多和获胜少都只证明了一件事，就是你比我厉害。这件事，你不是已经在前几次证明了吗！"

双赢思维的第三层意思讲的就是互动和共创。合作双方不要光看到面前的这一块蛋糕，而要考虑整个桌面上有多少块蛋糕，或者通过双方彼此的努力能共同创造多少蛋糕。

品牌商在渠道商的店铺里推广一个商品的时候，不仅要看到渠道商通过卖这个商品能够挣到的钱，还要让渠道商看到通过这个商品的营销可以带动的新的客流和新的连带商品价值，这样就是通过一个产品把合作面做大。同样，品牌商在让消费者体验一个商品的时候，也可以与消费者互动，不再是体验一个商品，而是让消费者通过体会产品在场景中所产生的价值而愿意反馈并传播自身体验。

  金宝汤公司的史云生品牌在香港市场拓展的时候，邀请很多的大厨和小厨利用他们的产品来进行厨艺大赛。不要小看这个活动，它不仅是一个做菜的比赛，更是一个引入消费者创造价值的过程。结果让人眼前一亮，那些非常美味的佳肴都有史云生清鸡汤参与的部分，而且，它从一个简单的厨房调味品，摇身一变成为厨师完成一道绝世美味的小秘方。在这个互动的过程中，史云生和消费者真正意义上做到了价值共创。

  双赢思维所强调的就是在互动和共创的过程中思维模式的改变。双赢思维中，价值不单单取决于交易的标的，而且取决于双方在这个交易过程中所带入的资源、互动过程中所产生的新的内容和创意。例如客户使用体验反馈、口碑好评等，不仅仅是一个产品的体验，也会成为其他消费者和客户参考的场景和经验。在一个真正的双赢思维所带动的合作模式中，互动和共创实现了价值的新的裂变，从而对整体的交易产生了更多积极的影响，并使得双方都能够从中获得更大的价值。

小结

  在上文中，笔者阐述了什么是双赢思维以及双赢思维的三个维度，那就是双赢的基础（自身价值）、双赢的目标（长期价值）和双赢的过程（互动和共创）。双赢思维，是建立在自身价值之上，以追求长期价值为目标，用互动和共创的积极合作关系来促进价值增值和裂变的思维方式。

双赢思维能够促进我们对于自身价值的了解，建立客观的差异化竞争优势（POD），匹配客户的需求并充分地表达给客户认知。双赢思维能够让我们建立对于合作的长期价值的追求，不论是显性价值还是隐性价值，但同时关注利他的匹配性。双赢思维还能让我们通过互动和共创使得价值产生新的裂变，理解每一个交易背后的价值，并且通过创新共同实现价值增值。这些就是理解销售这个工作背后的本质和底层逻辑。

当我们理解了双赢思维，我们也就理解了如何能够实现真正成功的销售，如何实现销售的使命，不断地理解并满足客户的需求，并和客户达成长期合作，进而实现业务的持续发展。

那么，如何判定一个人是否已经拥有了双赢思维呢？

正在阅读的你不妨参考一下这张自评表（表1-1），按照1～5分给自己做一个自评，这也可以让你进一步了解自己是否已经具备或者正在践行双赢思维。

表1-1 双赢思维自测表

分类	考评内容	不了解	似乎了解但不明确	基本了解	充分了解但不常用	了解且能经常应用
		1	2	3	4	5
1	对于自身企业品牌和产品特殊价值的认知和了解					
2	对于市场整体竞争格局的认知和了解					
3	对于客户需求的认知和了解					
4	对于正在进行的合作标的显性价值和隐性价值的了解					
5	对于和合作伙伴的互动频率和互动内容的了解					
6	对于在价值共创过程中应该投入什么和如何投入的了解					
总体						

在这张表中，每个问题都值得进行思考。不论你是不是在业务第一线，抑或是你的职位在公司内部的高低，都没关系。最重要的是你通过理解双赢思维，来看到什么是真正已经做到的，而什么还只是纸上谈兵。如果你的综合得分少于10分，那

么或许你的双赢思维体系还有待提高，我们可以往后进一步探讨。而如果你的综合得分已经高于20分了，那么说明你已经具备了双赢思维的逻辑基础，我们可以共同探讨后续的销售落地体系了。

这一章，笔者重新解释了双赢思维，下一章，笔者将进一步解释双赢销售思维。随着后续对双赢销售思维内容的展开，我们会看到双赢思维对于实现销售使命和企业发展的重要意义，以及它在销售不同阶段和不同场景中的应用，慢慢理解其价值和作用。

第二章

双赢销售思维的定义与内涵

理解了双赢，怎样在销售体系中成就双赢？双赢销售就是这样一个落地的过程。从需求落地到关系型合作再到企业自身价值提升，双赢销售的齿轮真正带动着企业业务从无到有、由小到大！

我的第一份工作是销售管理培训生。当我从复旦大学毕业，拿到宝洁的offer（录用通知）的时候，内心也曾对销售管理培训生这个岗位有所迟疑。坦白说，当时的我并不认为销售是一个特别有壁垒的工作，总觉得销售岗位是有点"水"的。更何况，市场上有各式各样的销售人员，每个人的风格都不太一样，有些人的风格还是我特别不喜欢的那种。因此，我内心对于接受销售工作还是有些忐忑。不过，凭借当时对500强企业宝洁的向往和前辈告知我的"不管如何，销售都是一门业务通识基础"的观点，我还是义无反顾地加入了这个行业。

双赢这个思维观点在入行不久就深入到我的脑海中，并且随着史蒂芬·柯维的《高效能人士的七个习惯》这样的理论灌输和销售实践的反复打磨，逐渐产生了新的内涵和外延。感谢

第二章 双赢销售思维的定义与内涵

很多行业中前辈和导师的指点,我从一开始就像是站在巨人的肩膀上,不仅有理论的引导,还有品牌和行业力量的推动,更重要的是合作伙伴的提携和支持。

我从一线的销售代表做起,将理论应用于实践。管过仓库,开过卖货车,泡在夫妻店唠嗑,游走于批发市场只为了赚百分之零点几的差价利润。销售工作本身就是一份经验和历练铺就的辛酸之路,没有付出就一定没有收获。幸运的是一路走来得到了很多恩师的提携和指点。两年后我成为销售区域负责人,四年后成为全国KA(Key Account,重点客户)[①]负责人,六年后成为全国多个重点客户群(KA Group)的负责人,七年后创业,为国内企业做渠道管理的咨询,十一年后成为全国独立BU(业务部门)负责人,管理并发展相关业务。

之后,经历了上海交通大学、瑞士洛桑国际管理学院和中欧国际工商学院各项课程和EMBA体系的二次锤炼,慢慢地,一个双赢销售的思维模式浮出水面,并成了我一直践行的工作标准和做销售工作的底层思维。随着和业内同人交流的增多,以及更多参与公司内全球业务讨论和战略方案,我逐步发现,其实东西方经济发展阶段不同、社会背景不同,但是其中对于销售的理解,西方500强公司的经验对于很多中国企业有着很高

---

① Key Account是指在自身产品的销售中占据重要份额的少数零售客户,是现代渠道的主体。

的借鉴价值。不论是渠道管理、销售技巧这样的销售之"术"，还是客户第一、价值为先这样的销售之"道"，笔者认为都非常值得正在蓬勃发展的中国企业学习！而其中，最希望唤醒和提倡的就是：让每个销售人员都了解并明确自己的使命！企业主只有了解了销售人员的使命和销售部的价值，才会正确地对这个部门进行科学的人才培养体系和衡量标准设置。销售部门的从业人员只有了解了自身的使命和价值，才会真正理解自己每天的工作和与客户之间的配合互动究竟对整个公司的成败产生了什么影响。

下面，就让我们一起，掀起双赢销售思维的面纱！

销售的"呼"与"吸"

我们先回顾一下在第一章中提到的双赢思维。双赢思维是建立在自身价值之上，以追求长期价值为目标，用互动和共创的积极合作关系来促进价值增值和裂变的思维方式。

在第一章中，我们已经将它分解成三个层面（图2-1）：

一是建立在自身能够提供的价值之上的；

二是以追求长期价值为目标，而实现这个目标的有效路径就是利他思想；

二是需要与合作伙伴之间建立积极的互动和共创,并带来新价值的增值。

图2-1 双赢思维的三个维度

我们可以从图2-1中看出,自身价值在金字塔的底端,也是实现双赢的基石。而长期价值在金字塔的顶端,就是未来的制高点和目标。而中间的则是长期的合作伙伴关系——互动以及共创。

在销售工作的实践过程中,笔者越来越能够体会这三个维度带给销售工作的指导意义和价值。总体来说,销售人员的日常工作所执行的更多是一个由内到外的过程:不断理解自身价值,并匹配客户需求,形成价值交换。整个过程类似于呼吸中的"呼"。

随着业务的发展和销售管理工作的深入,笔者也越来越多地体会到销售人员在由外及内的过程中所体现的价值。现在的业务纷繁复杂，并且环境变化极为迅速。销售人员不仅是对接渠道和客户的窗口，同时也是一座非常重要的内外交互的桥梁（图2-2）。通过与客户的交流和市场需求的反向传递，倒逼组织进行以客户需求为中心的产品研发和运营体系的迭代升级，进而提高自身价值。整个过程类似于呼吸中的"吸"。

图2-2　销售人员的桥梁作用

正是在这样的"一呼一吸"之间，双赢的模式真正实现了既帮助客户成功，也帮助自身成长！而销售人员的使命也因此得到了升华！销售人员不再是简单的利润和销量的追求者，更是市场需求和竞争场景与企业运营之间的互动桥梁。销售人员吸进的，是市场与客户给予企业的反馈和推动，而销售人员需要去呼出和实现的，是长期价值指导下，企业对于客户需求的满足和自身业务的推动！

双赢销售思的定义与内涵

由此，我们得到了本书的核心概念双赢销售。

双赢销售是双赢作为一个简单对外的销售理念的升级。它所强调的是销售作为桥梁，嫁接和推动价值升级的过程。因此，双赢销售更强调内与外的整合，双赢销售也更强调实战落地过程和销售执行的有效性。接下来，我们来详细看一下双赢销售思维的定义和内涵。

双赢销售思维同样也是分成三个层面。

第一个层面，关注"需求"。也就是说，自身价值的变现要建立在一个明确的外在需求之上。因此，想要做好销售工作必须理解交易是建立在需求之上的，对于需求的认知和挖掘是产生交易的源动力。

第二个层面，关注"合作"。有了一次交易是不够的，业务关系的发展源于价值创造，而价值创造必然来自于双方的互动和合作。因此，想要做好销售工作，应该尽量将交易型合作关系发展成关系型合作关系，并积极地与客户进行价值创新合作。

第三个层面，关注"自身进步"。笔者在前文中谈到了"呼"和"吸"的意义和价值，因此，好的销售人员应该学会从客户第一的角度来审视企业自身价值和运营体系，不断推动企业提高自身的产品创新力和运营效率，并在日益激烈的竞争环境中不断倒逼企业自身进步，从而赢得客户和市场的认可。

图2-3　双赢销售思维飞轮图

值得一提的是，这三个关注其实是环环相扣的。我们用一张飞轮图来描述双赢销售思维的整体逻辑（图2-3）。最上方的交易是销售人员需要关注的第一目标，也是销售工作的显性结果。交易的齿轮就像冰山浮在水面上的部分，成了大家都看到的显性状态。然而，藏在水下的部分才是业务深层次发展的隐性原因。事实上，交易所带来的合作关系，将双方真正意义上带动到新的平台上，双赢销售思维带动双方共同投入并创造新的价值，让这个交易型的合作变成关系型的价值共创。最下方的齿轮代表着企业自身价值的提升。企业围绕着客户的需求和市场的竞争情况，不断地提高自己的经营能力和产品创新能力，从而使得自身的价值在双赢环境中不断提升和发展。

第二章　双赢销售思维的定义与内涵

在第一章中，笔者提到了销售的使命，就是不断地理解并满足客户的需求，并和客户达成长期合作，进而实现业务的持续发展。在双赢销售思维的指导下，销售的使命将得到进一步的升华！销售人员不仅是实现企业价值的窗口，同时也是企业与外界互动合作的桥梁。做好这个窗口和桥梁，销售人员能够帮助企业和客户实现真正意义上的双赢！

双赢销售思维可以简单总结成如下三句话：

第一，一切交易源于需求，对于需求的认知和挖掘是交易的源头；

第二，业务关系的发展源于价值共创，有效的合作关系至关重要；

第三，客户第一是审视自身体系效能和赢得竞争环境的最佳利器。

接下来，我们一起来分步骤详细解释一下双赢销售思维这三个层面的具体含义。

一切交易源于需求

每当别人让我阐述销售成交的秘诀是什么，我都会以16个字来回答他们，就是：理解需求，挖掘需求，满足需求，创造需求！

如果说扎马步是练习武功的基本功，那么理解这16个字也是业务开展的基本功，同时也是双赢销售思维中最重要的第一层意思"一切交易源于需求"的最重要的落脚点。

理解需求：一切业务的开端

需求是什么？需求分成"需要（needs）"和"想要（wants）"两个部分。要理解需求，首先要理解什么是对方本身需要的基本内容，而什么又是在基础功能之外对方想要的优化内容。在需求层次理论中（图2-4），马斯洛将人类的需求分成了生理需求、安全需求、归属需求（三种缺失性的基础需求），和尊重需求、自我实现需求（两个成长性的高层次需求）。

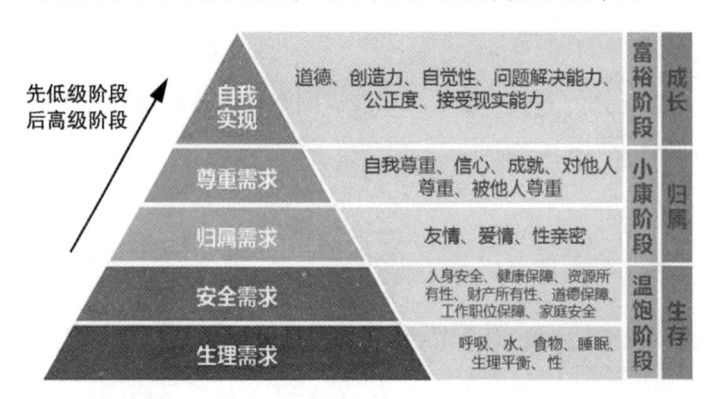

图2-4　马斯洛需求层次理论中的人类需求五级模型

后面人们又在层次中增加了类似求知和审美这样的高层次需求。而在东方，我们的祖先也早已把我们的感官和需求结合在一起，统称为七情六欲——喜怒哀惧爱恶欲、生死耳目口鼻。人对需求的理解和感知是会随着时间、地点、场景的变化而变化的。而业务的合作对象也是如此，时间对了，场景对了，人对了，需求才能够真正转变为交易。16个字的第一步其实就是对于需求的解读和分类。

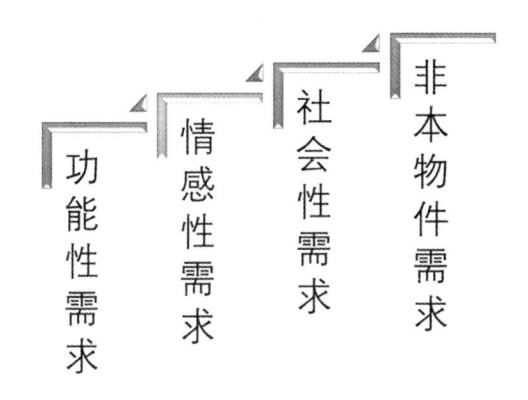

图2-5 业务场景中的需求分类

在业务场景中，也有很多种不同的需求，按照基础的分类，可以将它们分成功能性需求、情感性需求、社会性需求和非本物件需求这几个类别（图2-5）。下面，笔者从产品出发，以梳子这个产品为例，来分别解释一下它们代表的意义。

第一类需求：功能性需求。

也就是通常我们所说的，你的产品或者解决方案能干什么，解决用户的什么问题。以梳子为例，它的主要功能就是梳头发。这其中也会延伸出更多的细分功能，比如按摩头皮功能、防静电功能等。大部分产品的需求，都是从功能性需求开始的，也就是说，这个产品能够帮助用户解决什么问题。这一点，很像马斯洛需求层次理论中的生理需求。

第二类需求：情感性需求。

情感性需求通常因人而异，而且差别还很大。当产品中增加了情感元素之后，往往产品的溢价会大为不同。例如这个梳子是否适合让妈妈作为礼物买给女儿使用？是不是印上爸爸亲手写的祝福或签名？……这些都会对这个产品的价值产生本质的影响。情感需求的溢价通常都会超过它的功能需求的价值。

第三类需求：社会性需求。

每个商品都有其社会属性。具体场景的不同，会导致用户对产品的需求也发生改变，比如在家里用的梳子和带到社交场合的梳子，其所代表的需求就不一样；很多使用某种品牌和某种设计的产品的人，其实只是为了证明其属于某个社会圈层或者希望被认可为某个圈层，例如大家日常喝的某种品牌的酒、穿的某种款式的衣服，都是为了实现这个目的。

第四类需求：非本物件需求。

这类需求理解起来可能会比较难，但简单来说，就是需求本质被它的形态所误导或掩盖了。例如，客户其实只是希望找一块木头来生火，而梳子正好是木头做的。当客户想要买梳子的时候，我们通常会自动理解为他需要的是梳子的梳头功能或情感价值，但其实他只是需要一块木头。这个时候销售人员需要理解客户需求的本质——或许，他需要的根本不是梳子。

以上四类，只是最普遍的需求类型，并没有囊括所有需求的类型，但是确实能够让我们对理解需求的不同类型产生基本的模块化的认知。

挖掘需求：发现新的机会并扩大业务

为什么要挖掘需求？因为有些时候，客户自己都不一定明确知道他想要的东西是什么。在挖掘需求这一点上，好的销售人员和差的销售人员之间的对比尤为明显。一般销售人员看到了需求，就迫不及待地去提供解决方案尽量满足这个需求，而好的销售人员则会循循善诱，慢慢挖掘，找到更大的金矿和更本质的问题。

挖掘需求有两大要点：

一是学会聆听。听的繁体字是"聽"，古人对听的定义就是竖起耳朵，十目一心。十目就是张大眼睛，边看边听，而一心就是一心一意，全神贯注。正确的聆听方式不仅要有肢体语言，还需要有沟通回应。所谓肢体语言，就是身体让对方感觉到你非常愿意听，非常想听，譬如适当的前倾。而沟通回应，就是不时地回应和重复对方的话语，适当地承接并让对方说得更多。在聆听过程中，去做价值判断、好为人师，还有想当然地去理解，这些都是要不得的。

二是学会提问。之后的章节中笔者会详细讲解SPIN销售技巧，这里先不展开，但可以肯定的一点是，提问的重要性绝不亚于聆听的重要性。挖掘需求是有一些方法的，之后的销售六步法中，笔者会对这些技巧做详细的拆解和案例探讨。

满足需求：实现业务的基本交易

满足需求这一点，不需要太多的解释，不过如果你认为满足需求很容易，那就错了。销售的产品和服务在交付的过程中很容易产生各种问题，无法实现百分百高质量交付。正因为这样，在业务体系中的客户服务满意度是一个非常重要的指标，其中有一个非常重要的指标值就是NPS（Net Promoter Score），就是所谓的"净推荐值"。如果我们让客户对我们的产品使用和服务体验打分，0分最低，10分最高，并且其中0~3分表示非常不满意，4~6分表示一般，7~8分表示满意但没有超出期望，9~10分表示很满意且愿意给他人推荐，你觉得你的产品和服务又能被打多少分呢？

如果用一张图来说明这些打分情况的分布，或许你会得到类似下面的这样一张图（图2-6）。

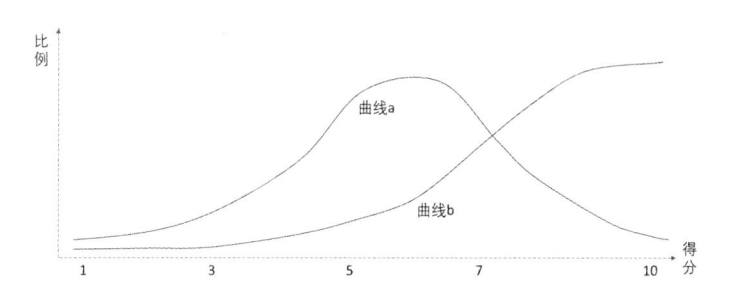

图2-6 以1~10分作为满意度评分的综合结果分布图（样例）

这里的NPS数值是多少呢？就是推荐者的占比减去贬损者的占比的数值。这个数值意味着你的产品和服务的市场平均竞争力水平。图2-6中曲线a表示整体产品满意度一般，特别推荐和特别不推荐的都占比不高，NPS数值也相对比较低。而曲线b表示整体产品的客户满意度很高，NPS数值也相对比较高。假如你的NPS数值达到30%以上，表示客户的满意程度远远高于不满意程度，应该说这是一个非常令人满意的指标了；如果企业的NPS数值超过50%，那就表明这家企业在满足客户需求上是非常优秀的了。往往这些打高分的用户会给他人推荐使用的产品和服务，而打绝对低分的客户也会跟别人抱怨或者预警不要购买相应的产品和服务，因此这两类客户都是企业（销售人员）需要特别关照的对象。这一点在后续的销售六步法中也会被提到并详细解释。

创造需求：形成飞轮效应的外扩

创造需求是16个字中最难的部分。为什么它排在满足需求之后，其实是因为创造需求本身就要基于我们和客户之间的合作关系来推动。如果合作关系还没有开始，那么我们能做的充其量只能叫挖掘需求。而当合作关系开始以后，我们就通过合作进一步了解客户的实际需求，并可以通过一些启发式的问题引导对方意识到潜在的新需求。往往，当客户通过合作了解到企业产品和服务的多样性之后，也会更愿意尝试原来合作内容之外的方案。

例如，联合生意计划就是零售商和供应商之间通过对消费者的研究和业务流程的改造，重新共同打造更利于双方各自利益最大化的合作方案。这个过程本身就创造了很多新的合作维度和合作价值，笔者在后续的销售六步法的第五步中会详细解释。

另外，我们通过之前的双赢销售思维的三个飞轮也可以发现，当现有需求已经被充分发现和满足之后，后续拉动业务发展的就是飞轮效应的外扩，即在第二个齿轮中，将交易型合作提升到关系型合作之后的价值共创。这一部分内容笔者将在销售六步法的第六步中详细解释并展开说明。

谈到这里，基本就把16个字介绍完了。一切业务源于需求，没有需求，就没有业务。所以，销售工作其实就是解决方案和需求之间的匹配和价值交换，如果你不能真切地理解这一点，那就非常容易差之毫厘，失之千里。

业务关系的发展源于价值共创

笔者曾在双赢思维的定义中提到，合作的目标是追求长期价值。建立业务合作体系的目标也是如此，一个有效的合作伙伴关系对于业务的长期发展极为重要，而且，只有秉承长期主义价值观，才能够在这样的合作关系中，用积极的互动合作来进行价值共创。

长期主义，是20世纪80年代《金融时报》就开始使用的词汇，最近又被炒热，主要的原因是一些名人大家的引用和推动。例如，得到的创始人罗振宇说："只有长期主义者，才能成为时间的朋友。"高瓴资本的张磊说："长期主义不仅仅是一种方法论，更是一种价值观。流水不争先，争的是滔滔不绝。"

中国近代涌现的晋商、徽商，都以诚信赢得天下。所谓

"以诚待人，以信立身"就非常好地诠释了这种长期主义价值观的真谛。因为拥有诚信的商誉，等于拥有了无法估量的无形资产，而一个企业家/企业具备了良好口碑和商业信誉，就可以在市场上更容易获得商机和生意。因此，我们应该把长期的价值作为我们奋斗的目标，而把与每个客户的合作，作为达成这个目标的方法和路径。

你生命中的每一天，既是你未来生命中的第一天，也是你过去生命中的最后一天。如果把自己职业生涯的过去做一个简单的小结，你会发现今天的你其实就是你过去累积得到的一个相对客观的综合结果。所以，如果秉承着长期主义的价值观，业务中争的就不是这一城一池的得失，而是未来的基业长青，你个人争的不是短期的业绩和奖金，而是一辈子的人品和声誉。

除了秉持长期主义，如何与你的客户缔结成为合作伙伴并进行价值共创，也是推动双赢销售的关键因素。

在这里，我们提到的最重要的核心词就是价值。这里的价值是由你与你的客户在交易的过程中所实现并带给对方的。我们之所以强调合作伙伴关系，是因为它对于价值的产生和兑现产生了巨大的作用。我们可以分别从以下几个层次来理解。

第一层：产品和服务本身所具备的价值。

这就是为什么你们会合作的基础原因。上文笔者谈到的需求和这里所具备的价值正好匹配，因此也就形成了合作。这样的价值比较通俗易懂，就不做过多的解释了。

第二层：合作双方为对方定制的价值。

这里的价值就在产品和服务上增加了新的内容。同样的需求，但是你的解决方案或者你的商品更能够符合对方的需求，为什么？因为差异化。你的商品和服务的差异化使得你们之间的合作黏性比其他人强，而如果你不断地问自己这个问题，为什么只有你可以为对方带去这样的价值，为什么他（合作方）值得你投入这么多的精力为其做定制化服务，那么这个价值对双方的紧密合作关系无疑是增加了新的砝码。比如作为产品生产方，你可以针对特定的渠道制作特供装产品，并且让这些商品在其他渠道还没有上市的时候优先在你指定的客户渠道上市；或者在上市时你可以针对特定渠道进行特定的促销活动，在特定的门店进行陈列，组织特定的线下产品路演；等等。这一些动作都是你基于客户的需求去理解、挖掘、创造并满足的，也因为这样，你们之间的合作关系才是特殊的，并且有额外的价值赋能的。

第三层：你们的合作还能够共创什么其他价值？

你们可以共同问自己的一个问题是，我们双方如果更紧密地合作在一起，成为一个整合的合作体系，我们还能够共同创造出什么新的价值？如果有，那么需要什么新的投入和新的产品？比如你是生鲜食品的供应商，原来你只是将原材料产品提供给渠道，而现在渠道将你的商品直接组合做成了半成品给到用户，消费者只要在线上下单，就可收到这些半成品菜肴，简单操作后立马可以上桌了。这样，你们的合作就共同创造了一个新的价值——半成品菜。做好这个半成品菜需要新的流程和新的包装，但是它也会带给产品供应商和渠道商新的增值的价值，并且帮助不会做菜的消费者轻松完成一顿晚餐（盒马鲜生在做的半成品配菜就是这个模式）。

以上，笔者谈了业务发展过程中，从发展交易到发展关系的不同方式。从交换价值到共创价值，双赢销售找到了第二个发展齿轮，就是通过双方的紧密合作来带动价值的创造。这样的合作是有生命力的，它将企业放置于一个更大的生态圈中，企业不再是一个独立的存在，而是与合作伙伴紧密捆绑在一起的生态圈中的一员。也正是因为如此，企业的生命力才会持久。

客户第一是最佳利器

这是双赢销售思维中第三部分的内涵，也是我认为非常重要的一环，是很容易被忽视和遗忘的一环。随着业务的发展和销售管理工作的深入，客户第一不再只是一个由内向外的过程，同时也是从外到内的过程。就如同上文中所提到的"呼"和

第二章 双赢销售思维的定义与内涵

"吸"的作用原理,这样的动作本身,虽然是水下的冰山,但是了解物理学原理的人都知道,水下的冰山体积直接决定了水上的冰山体积。

企业的能力有多大,其产品的竞争力有多强,直接决定了企业最终的市场规模和份额。现在的业务纷繁复杂,并且环境变化极为迅速。销售人员不仅是对接渠道和客户的窗口,同时也是一座非常重要的内外交互的桥梁。他们通过与客户的交流和市场需求的反向传递,倒逼组织进行以客户需求为中心的产品研发和运营体系的迭代升级,进而提高组织自身价值。

我们经常说,"不忘初心,方得始终",其实后面还有一句"初心易得,始终难求"。双赢销售思维的第三部分在这里得以找到了真正的第三个齿轮。这个齿轮的动力就是把客户当成一面镜子,在这面镜子里照照自己的样子,看看自己是不是还拥有竞争力,是不是还拥有客户最渴求的产品和服务?如果是,那么这是值得庆贺的;而如果不是,那么也是值得高兴的,因为你看到了进步的空间和齿轮旋转的方向。客户第一可以倒逼我们自身的进步和革命,并且坚持这样的初心,获得双赢销售的最终胜利。

美国著名的营销专家塞思·戈丁说:"不要为你的产品寻找顾客,而要为你的客户寻找产品。"

事实上,在现代企业和营销竞争环境中,把握客户的需求,并且因着客户的需求而进行全系统的反向应变机制,已经成了很多企业家的共识和标配。因为客户在不停地发生变化,昨天的成功并不意味着明天的成功。柯达和诺基亚的故事告诉我们,如果我们只看到冰山上交易的达成,而忘记了水面下客户第一的警示,忘记了不停地迭代自己的产品和服务,并保持自身业务发动机的有效性,那么明天大厦倒下的那一刻,会比你想象的更加迅速和剧烈。

联想集团全球首席营销官大卫·罗曼(David Roman)曾经这样说过,我们通常迷茫于我们应该给客户带去什么产品,但其实我们又何曾知道我们的客户会拿我们的产品做什么。让我们更了解我们的用户,了解他们拿我们的产品做什么,什么才是他们真正需要的体验,然后我们用我们的技术更好地去实现这些体验。

真正的以客户为中心,是了解他们的需求,帮助他们解决问题,努力提供超越他们期望的体验,并且让他们充分地参与到价值共创的关系型合作模式中,这才是真正的客户第一。

而双赢销售思维中的客户第一,正是本着这样的理念,将自己置身于市场的大生态和大环境之中,通过销售环节,进行"呼"与"吸",让市场锻炼和养育自身的机能,并且获得业务发展的长效动力。

其实,市场上有很多公司和很多领导者已经在这样做了。

比如，流通行业中，常见的管理工具叫高效消费者响应（Efficient Consumer Response，简称ECR）。它就是零售业中以客户第一为原则建立的管理方法和全面解决方案。我们经常听到的联合生意计划（Joint Business Plan，简称JBP）和品类管理（Category Management，简称CM）是实现ECR的主要战略和手段，笔者在之后的销售六步法中也会提到这两个解决方案，这其实也是销售人员与客户进行业务谈判和共创业务发展能力的常见工具。

高效消费者响应（ECR）这个工具可以帮助整个流通供应链上的各个企业以业务伙伴方式紧密合作，了解消费者需求，提高整个供应链的运作效率，降低整个系统的成本，提高竞争能力（图2-7）。而只有以客户第一为出发点，更好地满足消费者的需求，流通行业的零售商、分销商和生产商才能生存和发展，才更有竞争能力。

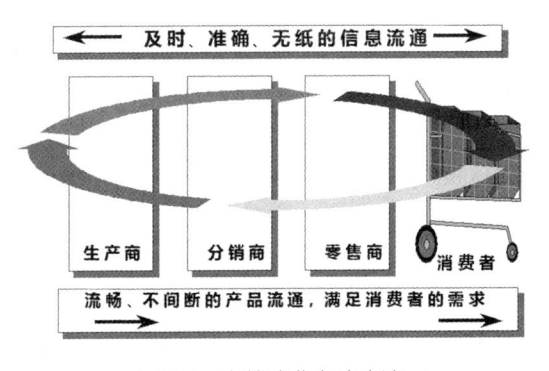

图2-7 高效消费者响应流程

客户第一原则一直是阿里巴巴集团所推崇和践行的核心原则的第一条。阿里巴巴集团不仅是这么说，也是这么做的。新零售模式自被提出以来，一直都是全行业学习的业务新模式。其模式本身用"人""货""场"这三个字高度浓缩和概括从生产到分销零售以及消费购买的三个环节，用数字化驱动来提升效率，用供应链改革来改变传统的购物体验。

新零售模式在阿里巴巴集团获得成功以后，国内其他零售平台和销售渠道也积极地学习和模仿相应的模式。不论是社群电商、社区电商，还是全新的F2C①模式、C2B②模式都是这样。这些如雨后春笋般的模式创新，正是零售行业通过客户第一这一面镜子，来改善或提升自己的业务模式。现在，消费者可以通过拼单、直播预订等模式直接决定生产商的生产规模和生产效率。这些商业模式的升级以及阿里巴巴集团的成功，说明了以客户第一为核心原则的理念，成功倒逼了零售模式的升级换代，进而推动了电子商务产业和零售行业的向前发展。

---

① F2C指的是Factory to Customer，即从厂商到消费者的电子商务模式。
② C2B指的是Customer to Business，即消费者到企业，是互联网经济时代新的商业模式。

第二章　双赢销售思维的定义与内涵

小结

　　双赢销售思维的三个齿轮在前文的解释中已经为大家介绍了。作为管理者，都应该将销售部看作企业发展的核心命脉部门，并且通过销售人员这个桥梁与市场建立密切而有效的双赢合作关系。三个关注是双赢销售思维三个齿轮上的关键。不论是最上面的关注需求，还是在中间的关注合作，抑或是在最下方的关注自身进步，其实都在讲双赢销售思维作为底层思维对于一个业务建立和发展的深远影响。双赢销售思维既是企业管理者建立销售认知的第一堂课，也是企业明确销售部门使命和价值的第一堂课。

　　作为管理者，不要把销售人员看成是搞定订单的角色，也不要把双赢看成是简单的战略合作。在双赢思维中，我们倡导建立在自身价值之上的差异化定位，以及对于业务的长期价值的追求和对于双方合作互动进行价值共创的过程。在与市场的交互过程中，一"呼"一"吸"之间，我们看到了双赢销售思维这样一个落地的业务发展核心逻辑，并且通过三个齿轮的联动，将冰山在水面上的部分和在水面下的部分进行了详细分解。这其中，环环相扣，唇齿相依，只有交易才会形成合作关系和互动机制；只有以客户为中心才会形成市场倒逼机制，推动自身进步；而最终，自身的不断进步又会形成更多的交易和更广阔的市场。

这些一方面能够帮助企业主，更加清晰地明确销售工作应该实现的具体目标，给予销售部门和不同层级的人员更加清晰的职位要求和考核标准，结合长期价值和短期价值，让销售部发挥出更好的窗口和桥梁作用。

另一方面，销售人员也能够更加明确自身的使命，并且将日常所实现的价值和企业发展整体所实现的价值紧密联系在一起，看到自己的努力为推动企业发展所作出的贡献，从而有更强的主人翁责任感和成就感！

在18年的长期积累中，笔者也将双赢销售思维的销售落地过程总结为六步法。在接下去的6章中，笔者会全面解析销售六步法（图2-8）。

六个核心步骤 / 核心销售技巧

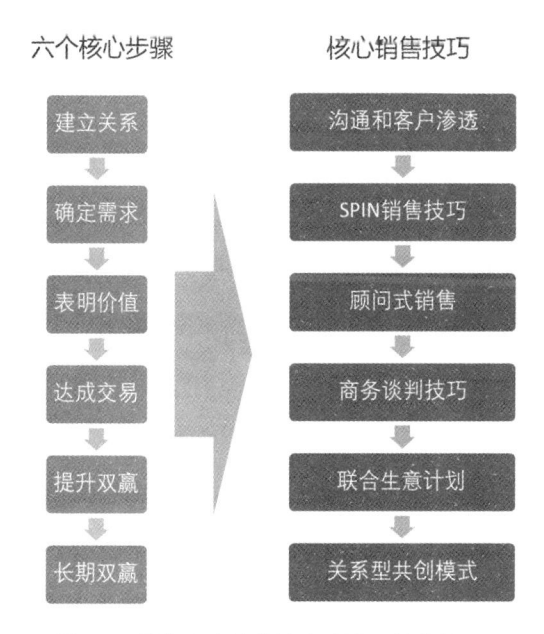

- 建立关系 → 沟通和客户渗透
- 确定需求 → SPIN销售技巧
- 表明价值 → 顾问式销售
- 达成交易 → 商务谈判技巧
- 提升双赢 → 联合生意计划
- 长期双赢 → 关系型共创模式

图 2-8 销售六步法的核心步骤及核心技巧

既然是使管理层了解销售业务的第一堂课，那么笔者的目标就是大道至简地说明白双赢销售思维的应用路径。这六步，看似简单，实则不简单。

其中，图2-8中左边的六个步骤就是我们通常所说的业务合作伙伴从陌生到战略合作的六个阶梯，右边的销售技巧则是代表性地点出了在每个不同的销售环节中会被使用到的相关销售方法。

在销售六步法中，前三步更多地围绕着"Sales（销售）"

来讲解业务怎样从无到有，而后三步则更多地围绕着"Business（业务）"如何从1到10，健康发展。这些内容，会在接下来的章节里一步步地展开叙述。而且针对每个步骤在整个业务过程中的场景化应用，笔者都会通过案例分享和技巧演练，来帮助你打开理解销售体系的大门。另外，笔者也会在每个步骤相应的章节中分享相关的来自全球最强销售培训体系的技巧精华，相信你会有所获益。

第三章

六步法之第一步：建立关系

司马光曾说:"学者贵于行之,而不贵于知之。"千里之行,始于足下;销售之行,始于和客户的关系建立。从自我认知,到客户渗透,再到沟通技巧,本章将帮助你开启销售六步法的第一步——建立关系。

从双赢销售思维到六步法

如果我们把双赢销售思维看作是企业业务发展的发动机,那么六步法就是带动齿轮转动起来的作用过程。从本章开始,我们就来理解一下,这台发动机是怎样通过这个作用过程来带动业务按照双赢的目标来实现与市场的呼吸运作的。

首先,让我们来复习一下前文所提到过的双赢销售思维——

双赢思维,是建立在自身价值之上,以追求长期价值为目标，用互动和共创的积极合作关系来促进价值增值和裂变的思维方式（图3-1）。

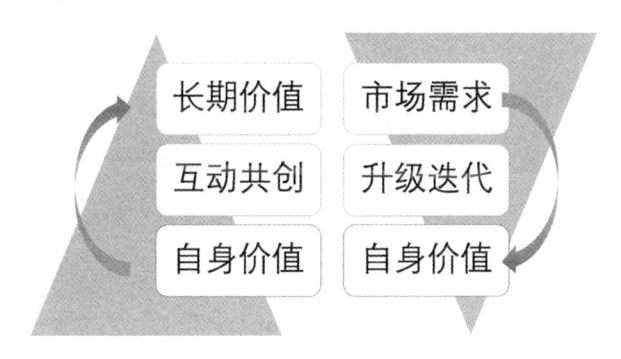

图3-1 双赢思维下，企业与市场发生作用的"呼"与"吸"

而双赢销售思维就是双赢思维在销售过程中的落地飞轮，其中包含了三大模块的联动齿轮，带动了整体企业在与市场和客户的互动过程中不断升级和提高自身价值的良性循环（图3-2）：

第一，一切交易源于需求，对于需求的认知和挖掘是交易的源头；

第二，业务关系的发展源于价值共创，有效的合作关系至关重要；

第三，客户第一是审视自身体系效能和赢得竞争环境的最佳利器。

图3-2 双赢销售思维飞轮图

笔者在接受全球500强企业对于销售管理体系的培训的同时，结合多年的实战经验积累，逐步提炼出核心的六大步骤，作为推动这个齿轮运转的作用过程。从陌生拜访到需求理解，从销售展示到谈判合作，从提升双赢到业务模式转型，销售工作不仅将企业自身的价值带去市场，也将市场的价值带回并推动企业自身的发展。在销售六步法中，前三步更多地围绕着"Sales（销售）"来讲解业务怎样从无到有，而后三步则更多地围绕着"Business（业务）"来讲解销售如何推动业务从1到10，健康发展。下面先简要地介绍一下六步法的每个阶段。

第一个阶段：建立关系。 简单来说，就是作为合作双方的销售方与客户之间从不熟悉到熟悉的过程。在这个过程中，销售或业务人员最重要的任务就是明确对自身价值的认知，建立客户渗透的布局图和漏斗，并且保持与客户良好的互动关系。

第二个阶段：确定需求。这是前三步中最关键的一步。也正是契合了双赢销售思维中的第一个齿轮的核心——一切交易源自需求。所以在这个步骤中，笔者会详细解释那16个字——理解需求，挖掘需求，满足需求，创造需求！

第三个阶段：表明价值。在确定客户需求之后，就是表达销售人员的诚意和价值的时刻，顾问式销售是这里的核心。之前笔者提到过价值的独特性、匹配度和传导力，都会对客户的感知造成本质的影响，虽然理解不难，但是执行过程却不容易。

第四个阶段：达成交易。当方案已经不是问题，那么，剩下的就是商务条款了。不过，签下第一张合作订单还真不是一件容易的事情。从商务条款的针锋相对，到最后双赢的谈判结果，共同迈出关键性的一步，客户与我们正式建立了合作。

第五个阶段：提升双赢。从合作的第一步到合作的第二步，双方不是停留在简单的交易，而是发展成了业务合作伙伴，在一起创造出新的价值。销售人员在这个环节中，将自己转变为业务发展的推动者和创新者的角色。不再只关注于企业内部，而更关注怎样与外部伙伴一起，通过创造价值，将业务提升到新的高度。

第六个阶段：长期共赢。围绕着客户的需求，交易双方逐渐转变为关系型合作，并引入更多的共创模式。业务发展进入到了更加广阔的空间。销售人员也将带着自身的使命,将双赢思维践行到企业业务发展的各个角落,推动企业在业务模式上的转型,与时俱进!

在六步法的每一个环节中,笔者会主要介绍以下几块内容:

第一,每个步骤在销售过程中所扮演的角色,其重要性是什么。

第二,每一步中有哪些销售技巧?它们能帮我们解决什么问题?

第三,双赢销售思维给予这些技巧什么样的生命力?

第四,实战工具和小技巧,并结合相关的真实案例进行解读。

现在,我们正式进入第一阶段,就是对建立关系这六步法中第一步的解读。

第一步:如何建立关系

有不少人很好奇销售人员的客户网络是怎样搭建的,因为这是销售人员的核心工作。其实所有的客户都是从不认识到认识,从不熟悉到熟悉,其中关键的就是销售人员如何包装和展示自身价值。所谓"不入虎穴,焉得虎子"和"酒香不怕巷子深"就是"你找客"和"客找你"的贴切比喻。如果说要主动出击,那你要找的客户一定是有价值的"老虎",而不是"兔子"。而如果你希望客户来找你,那么"酒香"就是别人来找你的必要条件。建立关系不是一个单向模式,而是一个双向模式;销售的过程一定是既有主动出击,又有被动等待的,彼此有机结合。

如何秉承双赢销售技巧,将建立关系的过程变得更加科学和有效呢?在这个过程中,有三个值得和大家分享的销售技巧:

第一,如何建立自我认知和表达?(学会包装你自己)

第二,如何了解你的客户? (客户渗透技巧)

第三,如何有效地互动和建立关系?(沟通和互动技巧)

下面,就让我们一个个地去了解这些建立关系的关键技巧。

建立自我认知和表达,包装你自己

大家应该还记得双赢的基础,那就是建立在自身价值之上。不少人初做销售工作,上来就问:"客户在哪里?"殊不知,他问的这个问题就是错的。你自己都不知道自己在哪里,又何谈客户在哪里?

如果你还不知道自己的优点,就别想打动他人;

如果你还不知道自己公司的产品好在哪里，就别急着出去拜访客户；

如果你还没有建立对竞争环境的认知，就不要急于销售你自己。

我想分享的第一个技巧，就是建立自我认知。没错，了解自己的价值是建立双赢关系的开始。而对于每一个销售人员来说，销售的第一课，就是建立自信，并且发现自己的独特优势。

从独特到自信，这个世界上不会有人跟你一样

在笔者职业生涯的开始，有一位导师送给了我一个标有"No.1（第一名）"字样的夹子，夹在我的笔记本上，这个夹子令我印象非常深刻。他曾说："既然你可以在学生时代做到第一，那么我也非常相信你能够在工作的时候继续做到第一！"每次我拿起笔记本的时候，这个夹子都会提醒我：我就是最好的！这个小夹子给了我无穷的动力。

当时我就问他："老师，如果不是第一名，是不是就不能用这个方法激励他呢？"他说："其实，每个人都有他的独特优势，信心从来都不是建立在绝对第一上，而是建立在唯一性上，你可以不是绝对排名的第一，但你可以是相对提高速度最快的第一。你可以不是最帅最漂亮的那个，但是你可以是最有礼貌、每次见面后给客户去短信和电话的那个。独特的东西不一定是

天生的，更多的时候你自己的独特优势就是根据你与众不同之处建立起来并且不断强化的。"

我很感谢这位恩师，事实上，他让我认识到独特的唯一，甚至比绝对的第一更加重要。认识自己的唯一也是认识自己价值的很重要的维度。你的成绩、你的品格、你的成长经历、你的家庭、你的行为处事的风格，不局限于这些维度，但是综合这些维度之后，你会发现，你就是最为不同的！在让别人喜欢你之前，你必须先喜欢上你自己。

如何喜欢上你自己？首先就要更清楚地认识你自己，认知你的优点及与他人的不同，认知你的客户所看重的东西是什么，并且建立对自身价值的充分信心。这里我们就不妨把那个差异化竞争优势（POD）的模式拿出来自己对照一下（图3-3）：

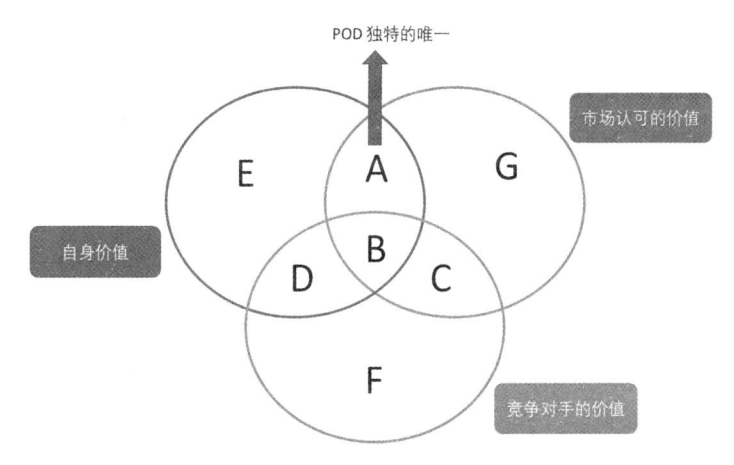

图3-3　自身价值的差异化竞争优势（POD）图示

每个人拥有的东西其实有很多。比如你的教育背景、家庭背景、长相爱好、社会关系等，这些都是你的资产，都是你可以建立自己唯一性的有竞争优势的地方。甚至很多时候，你的缺点也会变成你的优势。尼克·胡哲（Nick Vujicic）出生便没有双手双脚，母亲一度不愿意喂奶。但是13岁时，他发现了自己的独特优势，有一句话深深打动了他："我生成这样，就是为了给别人希望！"于是乎，他努力做到常人无法想象的事，例如电脑打字，甚至游泳。他成立了自己的演讲公司，用演讲鼓励世界上所有的人永不言败，任何时候都不要放弃自己。这就是你最独特的价值！

当然，这个差异化竞争优势（POD）是基于市场认可的价值和你的竞争对手所拥有的价值而定。也就是说，它是个相对概念。例如，你会讲法语，那么在法国公司，这自然是你的优势。但是如果你身边的同事们都会讲，那你的这个差异化优势就不那么明显了。所以，任何时候都要关注你身边的环境、你的客户和市场的需求，以及你自身所具备的东西。每个人都有很多的独特性，要充分地把这些独特性展示到极致，因为重复本身也是一种力量。大家都会说法语，但是水平不同，即便都达到了标准会话的水平，但如果你能够用法语写诗歌，能够辨识不同地区法语发音的细微不同，那这就又会成为你的独特性优势。

独特性优势通常能够带来自信，而自信几乎是所有成功销售或业务人员的标配！自信的人代表他充分相信自己，也乐观地对待别人。每个人都希望跟成功的人在一起，从而变得更加成功，因为你的自信，别人会更愿意跟你交流，并且跟你合作。所以，只要有可能，就要让自己拥有自信，并且因为自信从而成为更好的自己！

这一点在企业对外的合作中也是如此。自信是每个成功企业会展示给客户的样子。因为自信是从内而外的一种吸引，代表着被认可、被尊重和拥有独特的价值。当自信成为了你的标志，我相信，你会更容易获得赏识，并且赢得双赢的机会。

懂得包装你自己

同样的产品，放在不同的盒子里，价值感就很不同。同样的盒子，放在不同的货架上，配上不同的灯光，你也会感觉到价值感很不同。为什么？就是包装起到的作用。不同的表达方式，会让人对产品和品牌的价值感产生不同的理解和感知。即便是一模一样的东西，"包装不同，天壤之别"。

在第一章中，我们就提到了价值的独特性、匹配度还有传导力是决定它最后被认可的最重要的三个维度。包装在这里所起到的就是建立价值传导力，或者说是营造价值被感知的感知力。

结合图3-3，你所提供的价值和对方（消费者/客户）认可的价值之间的交集，才是你能够被认知到的价值（A+B），而你跟竞争对手的差异点（A），才是客户为什么选择你的原因。

一般来说，即便是同样的产品、同样的声誉，在面对不同的客户时，销售人员都需要做相应的匹配和宣传。甚至于在面对同一个客户企业的不同层级的负责人时，你所要表达的核心价值可能都需要分别定制。

我亲身的案例和经验就是：从来不会用一模一样的介绍模板给不同的客户介绍产品和服务。为什么？因为客户看得出来。

首先，当你使用一份常规的材料来做介绍的时候，客户会理解为，这就是所有人都能看到的千篇一律的东西。但是，你只要做一些很小的动作，例如在演示文稿（PPT）右下角贴上你和对方企业的LOGO（标志），那么这份PPT显然就是定制过的了。而这种定制会让客户感觉到你的用心，你是专门为他们做的这个方案（即便没有任何其他的改动），而且会更加用心地来听你的讲解。

其次，当你为客户做一份只属于他的PPT的时候，你自然就会想到很多跟他更加相关的数据、案例或者服务方案。而这些在你展示的时候是非常加分的。当你现场为你的客户做产品演示，或者将客户的某些应用场景放到这个展示中去的时候，客户自然就会感受到这已经是一个可以在他们的场景中落地的方案了。这种感知会帮助你更好地传递相应的产品价值。

另外，在建立关系的时候，适当地投其所好是容易产生事半功倍的效果的。好比在一些暖场的环节中，大家都要聊一些相对轻松的话题。如果你的客户第一次来你的城市，那么这个时候，适当地把你们的会面地点放在你们这个城市的地标性场所，自然会增加很多的话题，并且让他在打开话匣子的同时，对你的历史和地理知识产生敬佩。而如果你的客户恰好是你的校友，那么，没有什么比聊聊你们的学校和知名校友更能让你们拉近距离的了，甚至，有可能你们会发现彼此更多的共同点，发现原来缘分就是这么奇妙地把你们联系在了一起。而如果你已经知道客户喜欢红酒，那么在工作餐上开一两瓶比较讲究的红酒，自然可以打开一些对酒的品位和来历的话题，更有助于建立你们之间的彼此认同感。

不要怀疑，不论是定制的PPT展示过程还是投其所好的暖场交流，这些都是包装，是一些可以刻意被计划和组织的准备工作。如果能够做好这些，那么我相信，你和对方建立关系的过程将是非常自然和奇妙的。

这些刻意营造的包装既成了你的特色，也成为你的差异化优势的最好的表达方式。懂得销售你自己，自然你就会懂得怎样销售你的产品和解决方案。

总之，"建立自我认知和表达，销售你自己"是所有销售人员应该学习的第一课，也是建立关系的开始。在了解并学会怎样销售你自己后，你会进一步了解如何销售和包装自身企业的独特优势和独特竞争力，并且在每个客户端进行不一样的匹配和包装，从而迈出"走向双赢，建立关系"的第一步。

了解你的客户，进行客户渗透

《孙子兵法》云："知彼知己，百战不殆。"了解完自身优势后，就要开始了解客户了。销售的专业术语，叫客户渗透（Account Penetration）。从字面意思中你就可以理解到，既然是渗透，那就一定是从框架到细节都要兼顾的了解客户运营体系的过程。

在具体操作中，笔者将客户渗透所要了解的内容和采取的渗透的动作分成以下几个重要的组成部分——

目标客户的OGSM：远景、目标、战略和衡量指标

首先来看OGSM，也就是客户的远景（Objective）、目标（Goal）、战略（Strategy）和衡量指标（Measurement）。

所谓远景，就是我们常常听到的使命和愿景。这是一个企业的立身之本和发展远期方针，自然是我们应该第一步了解的内容。

第三章 六步法之第一步：建立关系

所谓目标，就是对企业来说，短期内最重要的关键绩效指标（KPI），也是从远景落地到行动方案的一个具象化的着眼点。往往是以业务的销售额目标以及其他重要指标构成。

所谓战略，就是企业打算如何去实现这些目标。这里的战略既可以包括商业战略，也可以包括非商业战略，但是对销售人员来说，最重要的是要了解与他打交道的客户的相关部门的核心战略。

所谓衡量指标，就是那些会对目标客户相关人员的考评产生最终影响的指标。这里就会落地到更加具体的事项上。我们可以通过下面这张表（表3-1）来理解一下相关企业的OGSM。

总之，客户渗透的目的是了解客户对大目标的分解以及不同的战略在落地过程中，所要实现的核心衡量指标。另外，尤其重要的是需要了解这些指标的达成与否对客户方相关人员的直接影响和间接影响，例如绩效考评、部门利益关系等。这样，作为产品和解决方案的提供方，你就能够根据客户的需求来提供相应的解决方案了。

目标客户的组织架构

了解目标客户的组织架构是非常关键的，其最重要的目的是了解资源的分配方和决策方。虽然很多时候，你面对的客户对接人员的级别和职位是一样的，但是每个公司内部对于其相

表3-1 目标客户的OGSM信息示例表

远景 Objective	目标 Goal	战略 Strategy	衡量指标 Measurement	行动计划 Action Plan	负责人 Owner	时间表 Timing
成为行业龙头餐饮企业	1. 今年销售额翻番+100%	1. 提高直营门店的盈利水平	1. 提高菜品利润率从50%至60%	集中采购原材料	运营部	每季度
	2. 利润指标达成+50%	2. 扩大加盟店数量	2. 加盟店数量从10家到20家	进入更多新的城市和地区	招商部	本年内
	3. 品牌影响力实现质的突破	3. 加强社交媒体的宣传推广	3. 提高客户美誉度10万+	小红书、双微一抖专业运营	市场部	本年内
		4. 引人优胜劣汰的考评机制	4. 保证优秀员工的超行业水平激励政策	考评和激励，10%淘汰，20%晋升	人事部	半年一次

074

关的组织体系的分配方式和决策链条不同。

举个例子，对销售工作来说，影响最明显的就是客户企业采购部这个部门。在组织架构中，采购部的归属大体分为三种情况：在运营部架构内、在财务部架构内，或者由首席执行官（CEO）直接管理。请注意，这几种不同的组织架构往往意味着公司的招标方式和决策链条的不同。因此，了解客户的组织架构，对于销售的成功与否会起到至关重要的作用。

目标客户眼下的业务数据

这里的业务数据往往不限于客户本身，更重要的是横向和纵向的对比数据。例如A客户2020年的业务数据，往往本身不能说明其需求和状态，但如果我们增加纵向数据，也就是A客户2010—2020年连续十年的数据来进行对比，以及横向数据，也就是A客户的竞争对手和行业2018—2020年这三年的数据情况来进行对比，那么自然而然的，你可以发现这些业务数据的真实含义。

数据其实是非常有生命力的。一般在销售工作的内部回顾和汇报中，谈到最多的，一定是数据，因为数据会说话。我们从纵向数据上看到的信息，是客户某个领域过往几年的发展和奋斗史，而从横向维度上对比的数据，是客户现在所面临的压力或者取得的成绩。作为一个合格的销售人员，看懂数据，理解数据所表达的潜台词是非常重要的。

目标客户的企业文化

有人经常问，现在信息技术这么发达了，为什么还是要实地拜访？事实上，实地拜访客户是非常必要的，而且在实地拜访的过程中，你往往能感受到客户的企业文化和其内在发展逻辑。

笔者曾经走访过很多企业，只有当沉浸在他们的工作氛围中的时候，我才能真正理解他们的语言和文化。例如去海尔，给我印象非常深刻的就是他们井然有序的工厂运营体系，还有无处不在的标语和口号，并且海尔的员工都非常礼貌且自信，我能感受得到这是一个凭结果说话的地方，大家进行沟通的时候往往都会拿出数据来进行对比和分析。

后来我去九州通医药集团进行实地拜访，他们的负责人跟我们分享其管理风格，说医药管理体系是一个非常严谨的管理体系，而医药分销又是一个依靠规模但同时利润很薄的行业。因此他们就提倡员工吃饭和招待都在公司内进行，这样一年就能够节约出不少的餐饮和招待费用。企业的负责人既是这么说，也是这么做的。在这里你能够耳濡目染的，就是这个公司的文化。

第三章　六步法之第一步：建立关系

目标客户关键决策人的工作风格

老外真正理解中国商业规则，是从关系这个词语开始的。笔者曾经就职的公司的董事长是一位非常睿智的欧洲人。他在高层管理会上，经常跟我们提到的一个词语就是关系。他甚至认为在中国，关系是最重要的合作基础。因此在客户渗透这一环节中，无关系，不渗透。

这里的关系，不仅指人和人之间的直接关系，也包括了很多交叉的间接关系、社会责任体系、行业属性关系等，都是整体关系网络中的重要环节。我们千万不要狭隘地认为，关系只是交情而已。

在关系中，有一个特别重要的概念叫KDM——关键决策人（Key Decision Maker）。每个客户渗透过程中，这一点都是会被提出并明确的。每个企业就其运营体系和运营流程的不同，会有不同的关键决策人。这个关键决策人的喜好、个人发展最关注的内容是什么，往往会决定你是否能够用最高效的方式实现业务合作。

了解KDM，才知道应该展现自身的哪些差异化竞争优势。还记得前文我们提到的包装吗？事实上，所有的包装都是突出自身对于客户的最大价值和吸引力。例如务实的人喜欢低调和沉稳的风格，而好大喜功的人则更希望高调和适度夸张的风格，因此，即便这些特点或者风格你都拥有，如何展示和迎合客户的喜好需求，同时又注意避开一些需要忌讳的地方还是很重要的，甚至会从一开始就决定业务最终的成败。

以上，就是我们需要在客户渗透的时候重点了解的内容。这些内容既有利于帮助我们了解客户，也有利于帮助我们建立与相关人员的合作关系。当然，为了做好客户渗透，除了以上这五个方面的内容之外，还有哪些更好的方法来加强客户渗透呢？

客户渗透的方法：望、闻、问、切

中医千年文化给到我们非常好的启示就是"望、闻、问、切"这精练的四字诊断方式。在客户渗透的过程中，我们能够借力的也是这四个字（图3-4）。

望
- 从行业整体到企业个体
- 依托客观数据分析

闻
- 近距离观察，企业拜访
- 基于看到的实际情况进行判断

问
- 针对性沟通
- 消除信息盲点

切
- 诊断与分析
- 根据行业对标企业进行衡量

图3-4 客户渗透的四个方法

所谓"望",其实就是远观。从行业数据来了解客户,从客户的财务报告来了解客户,从行业同人的评价来了解客户。这些就是望的方法,也是客户渗透的第一步。

所谓"闻",就是近距离接触,最常见的就是企业参观和客户拜访。这样的经历能够让你看到客户企业的日常运作,并且通过企业员工的着装、陈述模式、企业内部的装修和文化来了解企业真实的一面。和望最大的不同,就是闻可以给你带来更多的直接体感。就好像除了视觉之外,还可以用听觉、味觉、嗅觉、触觉等各种方式来体会这个企业。

所谓"问",就是指针对性的沟通。在通过望和闻获得了对于客户企业的大体了解之后,对于你最希望了解的认识盲点,可以采用针对性提问来补缺。这是一个很随机但是非常必要的过程,所有的提问,目标都必须非常明确,且非常有针对性。最好的方式就是和相关部门的负责人进行一对一沟通。

所谓"切",就是搭脉了。中医里搭脉是诊断的过程,这里其实也是一样的。如何诊断,基于一套标准来。就像医学里面对各种数据的合理范围有一个指导数据一样,每个企业的状况也是有一些可以参考的正常范围的,例如库存天数、资金周转率、现金流、产品贡献集中度、产品研发投入、员工流失率等。针对你想要了解的核心问题以及你的产品能够提供的核心解决方案的价值,找到相应的数据标准,这些行业标准和参考其实是你后续跟客户进行需求确认的重要依据，先把这些参考、依据和你的发现记下来，在后续的需求确认环节，它们就是非常好的问题的引子了。

最后，还要做的一个工作是建立客户生意工具卡，或者简单地说，就是建立客户的资料库。这个工作其实非常重要，而且需要持续进行。好的客户渗透是我们生意成功的关键，但永远不要认为你已经充分地了解了你的客户，客户渗透是一个长期的过程，没有结束。这个过程可以帮助你更好地说服客户，并且发现更多的方法和途径，但不要相信感觉，而要相信数据和事实。因此一个好的习惯就是为你的每个客户建立相应的档案，并且日积月累，持之以恒。

有些时候，客户的原有对接人走了，新换上来的对接人可能都不见得比你更了解他的工作和需求。这样，你就是这个客户企业的专家了。而且你会发现，当你非常了解客户的时候，客户一定会抱着很尊重的态度来对待你，并且非常认真地听你的意见和建议了。

所以，客户渗透不是一个结果，而是一个工具；不是一个技巧，而是一个习惯。在双赢销售思维中，我们倡导的客户渗透是一个长期的过程，它有利于真正从横向和纵向的维度来理解你的客户，并且在它的发展过程中，通过有效的产品和服务，进行相应的互动和共创，来实现长期的双赢！

第三章 六步法之第一步：建立关系

有效的互动，掌握沟通技巧

有效的沟通，是建立和维护关系的基本要素。

想做好沟通，就要学会倾听，做好情绪管理，有效解决问题。这句话中，其实包含了做好沟通的三个重点。

沟通的第一个重点，是"学会倾听"。

《吕氏春秋》记载："私视使目盲，私听使耳聋，私虑使心狂。"就是说，带着私心去看，就会什么也看不见；带着私心去听，就会什么也听不见；而带着私心去考虑问题，就会让自己心智混乱。事实上很多问题的出现，都是因为我们先入为主的想法和嘴巴太快的反馈而造成的。

美国主持人林克莱特采访一名小朋友问："你长大后想要当什么呀？"小朋友答："我要当飞机的驾驶员！"林克莱特接着问："如果有一天，你的飞机飞到太平洋上空时所有引擎都熄火了，你会怎么办？"小朋友答："我会先告诉飞机上的人绑好安全带，然后我挂上我的降落伞跳出去。"现场观众哄堂大笑，林克莱特继续看着孩子，想看他是不是自作聪明的家伙。没想到，孩子热泪夺眶而出。于是林克莱特问："为什么要这么做？"小孩真挚地回答："我要去拿燃料，我还要回来！"其实这个故事就是一个非常好的例子，不要用自己的认知来判断别人的行为，因为他人的行为模式是由他自己的认知结构来决定的。

马歇尔·卢森堡在《非暴力沟通》中曾说过："真正的倾听，是放下自己心中已有的想法和判断，一心一意地去体会他人。"事实上，要做到更好地倾听是有一些具体技巧的。例如，你可以在倾听的时候表现出以下这几种状态——

表明你想听

- 可以让对方自由地谈话
- 注视并表现出兴趣
- 以聆听来表示理解而不是反驳

聆听事实和感觉

- 与对方保持视线接触
- 可以伴随一些无声的身体动作

共情

- 试图把你自己放到对方的位置上，以便更好地理解

耐心

- 给足够时间，以便对方将想法完整地表达出来
- 不要随意打断别人说话

不要争论或批评

- 这样会使双方产生戒备心，导致沟通的敞开度下降

第三章 六步法之第一步：建立关系

提出问题

- 这表明你在聆听
- 它可以帮对方更充分地进行表达

在整个沟通过程中，你的表达状态由身体语言、表达方式和语句本身所组成。不要小看身体语言，它恰恰是你表达的最重要的"语言"。在访谈调研的结果中，我们会发现，受访者表示他们接收到的最多的信息其实是身体语言（图3-5）。

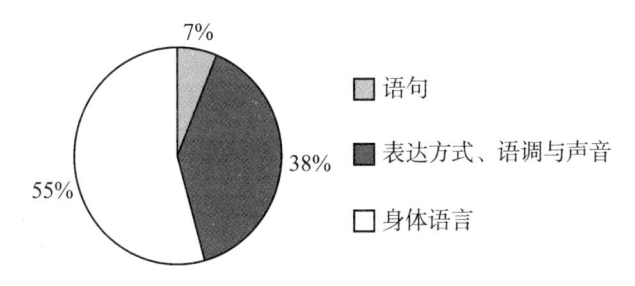

图3-5 沟通中最容易影响他人的内容

沟通的第二个重点，就是"情绪管理"。

人为什么要沟通？本质是因为有情绪要宣泄。不管是高兴、快乐、悲伤、焦虑，这些都是促成沟通的基本要素。而怎么管理情绪呢？心理学上有一个词，叫共情。

共情是人类最快捷的沟通方式。拿破仑说过："能控制好自己情绪的人，比能拿下一座城池的将军更伟大。"同样地，能够理解他人情绪，同样也是一种非常难得的能力。

在生活中很多人喜欢讲道理、论对错，明明一个拥抱和道歉就能解决的问题，非要用上一堆的口水喷涌，用上100个"因为、所以"，结果问题越搞越糟。

人们常说对于女性来说"对错总在爱和共情之后"。其实对男性来说也是一样，只是男性更加理性，但却并不意味着他们只有理性。在和客户进行销售对接的过程中，要站在客户的角度去感受他的情绪和处境，先做到理解客户，再进入到解决问题的过程。

需要特别提醒的是，共情并不是同情。所谓的同情是一种处在旁观者的角度对于事件所产生的情绪，因此，更多的时候，同情的下一步就是安慰。但共情不是，共情是尝试理解和把自己放在同样的环境中，而不只是去安慰。共情不见得一定要采取所谓的下一步，更多的时候，情绪上的理解比理性上的说服在沟通中更为重要。

沟通的第三个重点，就是"解决问题"。

狮子和老虎之间爆发了一场激烈的冲突，到最后，两败俱伤。狮子快要断气时，对老虎说："如果不是你非要抢我的地盘，我们也不会弄成现在这样。"老虎吃惊地说："我从未想过要抢你的地盘，我一直以为是你要侵略我。"

人和人相处，最致命的问题是彼此不沟通，却随意猜测对方所想，致使两个人产生分歧，越走越远，直到无法挽回。沟通是人与人之间、人与群体之间思想与感情的传递和反馈的过程。

戴尔·卡耐基曾在《人性的弱点》一书中说："如果你是对的，就要试着温和地、技巧地让对方同意你；如果你错了，就要迅速而热诚地承认。这要比为自己争辩有效得多。"

沟通既是人际的交流，也是感情的交流，更是消除误会、解决矛盾的有效途径。在销售技巧体系中，证实和传递信息也有一些重要的技巧，如下表（表3-2）所示。

表3-2 沟通技巧的应用和范例

技巧名称	技巧的应用及目的	范例
停顿	鼓励对方说法	用身体语言，例如手势、身体的倾斜等，来示意对方继续表达
重复	收集更多的信息	你刚才说的是那个××的情况吗？他们真的如你所说生意下降了10%？
试探舒服性区域	比较容易回答的问题，用来打开话匣子	你是怎么打败两年前的那个竞争对手的？是什么让你的新产品那么成功啊？
试探敏感性区域	相对敏感的问题，比较关键的信息	回顾当时的情况，到底是哪个环节出问题了啊？
演绎	总结和证实自己的理解	我觉得你的话可以归纳成这样……你觉得我这样理解可以吗？

不要觉得说很多话是多余的，其实这些技巧应用得当，非

但不会让对方觉得你很啰唆，反而会让对方反复地感受到自己被尊重和聆听，有利于你们多进行沟通，并且舒适地宣泄情绪。

由此可见，沟通真正的力量不是来自于你说了多少，而是来自于你理解了多少。所谓理解，就是分成"理"和"解"这两个部分。

工欲"解"之，必先"理"之！同时，想要"理"得好，必须要学会获取、证实和传递相应的信息。不管是事件类的信息，还是情感类的信息，都是同样重要的，不可以顾此失彼。

有人说：最理想的关系，是气质上互相倾慕，心灵上互相沟通，世界观上互相合拍。从销售和业务合作的角度来讲，最理想的关系，是我们与客户在愿景和价值观上彼此认可，在能力和技术上互补互助，在发展阶段和发展需求上相互合拍。这样的关系，将会是业务长期合作共创并发展的完美基础。

建立关系对于双赢销售是极为关键的。如果你通过这章的解读，可以详细地分析自身的优势和价值，以及客户及竞争环境的整体状况，那么恭喜你，我们就可以从第一步迈向确定需求的第二步了。

第三章 六步法之第一步：建立关系

小结

双赢销售思维下，我们应该怎样去建立关系呢？

正如英文中的三个单词——Dependent（依赖）、Independent（独立）、Inter-dependent（相互依存），这三个单词的变化，表现了个体从依赖、独立到互利的过程。商业思维中的关系建立也遵循类似的三组词：Value Proposition、Value Transaction、Value Creation——价值主张、价值交换、价值共创。关系是建立在价值之上，因此先搞清楚自身的价值，然后通过客户渗透了解你的客户的方方面面，再通过沟通，明确价值交换的可能。

从本章开始，由于我们有了更多的实操技能，因此会增加一些行动技巧的分享，帮助大家更好地理解和应用相关要点。

学习双赢销售思维，建立关系小技巧

1. 了解自己的独特性和唯一性是成功的第一步。不论是对个体还是对公司，建立自信，才能建立有效的商业合作关系。

2. 客户渗透就像诊断一样，巧用"望、闻、问、切"，事半功倍。

3. 工欲"解"之，必先"理"之！在沟通中，永远先解决情绪问题，再解决实际问题。

练习双赢销售思维，建立关系，现在就行动

1. 买一个小的带有"No.1"字样的书签、笔袋或者类似的小物件，作为一个暗示，经常让自己看到。寻找自己真正和别人不一样的地方，以及那些足以成为差异化优势的属性，时常重复这些独特的优势，加以包装并表达，这样就能更好地建立自信。

2. 为你的每个客户建立客户生意概况档案，记录每一个跟客户相关的重要信息：OGSM、组织架构图、企业文化、业务数据、关键联系人的个人信息等。它会极大地帮助你掌控一个更为长期的合作关系。

3. 尝试用共情的方式进行沟通，在一个安全的环境中，和你的家人尝试更多的交流方式，刻意应用相关的情绪表达方式来判断沟通的有效性，并且通过身体语言来促进沟通的深度。

建立关系，是所有业务合作的基础。笔者在本章中详细叙

第三章 六步法之第一步：建立关系

述了如何建立自信和认知自我价值、了解客户，并通过正确的沟通方式来促进关系的建立和加深，那么此时，就可能是一个完美的把你的产品和服务方案带给你的客户的时刻了。下一章开始，笔者会详细分解，如何对客户的需求进行解读并辅之以解决方案的过程。

第四章

六步法之第二步：确定需求

一切交易源于需求，对于需求的认知和挖掘是交易的源头。可以说没有需求就没有交易。那么如何才能确认需求呢？你所确认的需求是客户真正的需求吗？又有什么方法和工具可以帮助我们按图索骥，并掌握打开生意之门的金钥匙？本章会给你答案。

什么是需求

在第二章中，我们就提到过关于需求的16个字，那就是：理解需求，挖掘需求，满足需求，创造需求！

那么，什么是需求呢？

需求从字面来看，可以分成"需"和"求"两个部分。"需"就是需要，"求"就是想要。所谓的需要往往是比较基础的，或者紧迫的。而想要的往往是高层次的，或者偏精神层面

第四章 六步法之第二步：确定需求

的。譬如，对于一个饿得发慌的人来说，吃上饭就是需要，满汉全席则是想要。又譬如，对于一个企业来说，现金流和人才是基础的需要，而名誉和行业领先的尖端科技则是想要的。

为什么要理解需求呢？正如开篇所说，"一切交易源于需求，对于需求的认知和挖掘是交易的源头"。交易开始于需求，往往也终止于需求，满足和匹配是其中的重要前提。在六步法的前三步中，最重要的就是这第二步。因为第一步建立关系，其实是在为获取需求做准备，而第三步表明价值也是建立在明确需求的基础之上。因此这第二步是前三步的核心，也是双赢销售思维三个齿轮中的第一个齿轮的核心。

因此，笔者将需求的理解、挖掘和确定作为这个章节最重要的课题，来进行分解。笔者见过很多关系经营得不错，但是一辈子也没做成多少生意的合作伙伴；也见过很多非常厉害的销售人员，他们几乎能够抓住每一个在其面前停留过的客户。我们不妨想一下，是什么让你在超市闲逛的时候买了计划外的东西？又是什么让你在确定的购物计划中，却最终没有买成你想要的东西？前者是"无中生有"，而后者则是"有需求无成交"，两者的差别其实就是对于需求的确认和把握。

本章中，笔者会将确定需求分成三个层面来进行介绍。第一部分是"如何提问"，笔者会用SPIN销售技巧来解释如何用一些系统性的提问方式来理解、辨认、挖掘和肯定客户所提出的需求。第二部分是"时机",这一点在确定需求的过程中尤为关键。第三部分是"处理反对意见",因为不是每个客户都那么配合,所以如何与这些客户进行合作,我们可以通过处理反对意见的方式来明确和了解客户提出需求背后的真正目的。

SPIN销售技巧:理解、挖掘并确定需求

SPIN,即美国著名销售大师尼尔·雷克汉姆所提出的销售技巧,是一种顾问式销售技巧,由四种类型的提问构成,分别是实情探询问题(S, Situation Questions)、难点诊断问题(P, Problem Questions)、启发引导问题(I, Implication Questions)、需求认同问题(N, Need-pay off Questions),通过这四种不同的问题,可以达到对客户需求的全面解读、明确和期望的引导。

SPIN这个词在英文中是旋转、纺纱、吐丝之意,很形象地表达出如何通过有效的方法找到客户需求的过程。在上一章中,笔者提到了客户渗透和调研,这个部分的工作其实是非常重要且花时间的,其目的就是通过调研和面对面的沟通,来确认客户的需求。但是,在大部分的沟通场景中,普通销售人员最容易犯的错误就是过快地明确需求——客户说了什么,就是什么,随之其后就是过快地提供了解决方案,结果却往往是恰

得其反。为了避免陷入这样的错误，业务人员就需要通过一些合适的方法来对客户的需求进行确认和挖掘。

那么，SPIN销售技巧中的四种问题应该如何去问，以及有哪些需要注意的事项呢？笔者下面就来详细地阐明SPIN销售技巧的四种问题的具体内容和整体逻辑。

第一种问题：实情探询问题（理解需求）

Situation Questions，实情探询问题，即询问事实或客户目前的状况，也会被称为背景问题。这类问题就是笔者在上一章介绍沟通技巧时所提到的试探性的提问，其中包括试探舒服性区域和试探敏感性区域这两个不同的方向。

例如，询问客户"你能告诉我你们现在最迫切的需求是什么吗"，这个提问就是在试探客户的敏感性区域。而另外一种试探舒服性区域的问题，例如"是什么让你们去年获得了行业增长第一的成绩和消费者心目中最受尊敬品牌的声誉"，这种问题就相对容易得到客户的全面回答，并容易通过这种交流拉近双方的距离。

实情探询的问题往往会是交流初期的常规问题。这类问题最大的价值就是作为铺陈式内容的切入，确定讨论的方向和主题，让客户了解你的核心方向；但同时因为这类问题往往比较直接，客户不一定愿意全盘托出，所以通常答案不见得是客户所有想表达的内容，而且问得不好的话，客户会感觉受到冒犯，不愿意多说，这样就会冷场。

那么如何才能够问好这类问题，并且避免冷场呢？笔者觉得关键就是要做到掌握市场动态，成为行业专家，并且把握提问要领和节奏。

首先是掌握市场动态，其目的是通过事先准备，减少不必要的实情探询问题，与客户做有效沟通。如果你将前一章中所提到的客户渗透做得非常全面，并且针对你们探讨的领域做好了相应的市场动态功课，那么当你问到这些问题的时候，就可以引用一些市场上现有的公开数据，并就一些你想知道的答案进行进一步的提问。而在这种情况下，客户会觉得你做了足够多的背景调查，是做好了准备才来的，会有一种被尊重的感觉，也会更愿意表达他的顾虑和需求。

小技巧

以下几类非常重要的信息来源，可以了解行业状况和客户公司所处的竞争位置：

第一，公开网站的行业信息发布。例如国家统计局、行业协会的官方网站、证券行业针对所在行业的相关行业大数据分析等。

第二，上市公司的公开信息发布平台、近几年的公司年报

第四章 六步法之第二步：确定需求

和季报，里面数据的丰富度会让你大吃一惊。如果没有上市，也可以看同行业的其他上市公司的报告，其中也会涉及一些行业信息和竞品信息，说不定就有你感兴趣的部分。

其次，成为行业专家也是非常重要的。假如你本人就是一个行业专家，在行业中有足够高的人气和公信力，那么你所说的话自然可以带来更多的回应。

小技巧

以下几种方法，可以让你更快地成为"行业专家"：

第一，进修学习，在学习的过程中深度了解行业进展和趋势。个人建议是每五年可以让自己有意识地去进行一次相对系统性的学习升级，例如产业研修班、相关行业的高阶经理人课程、短期专项培训班等。

第二，深度参会，尤其是参与行业内部的协会组织和年度大会。这些协会组织不仅会有重要信息的发布，也会不定期组织行业大咖论坛，如果有机会，参与并成为专家委员会成员等，这些都是可以建立自身价值，并迅速获得客户信任的捷径。

最后一个要点是把握提问要领和节奏。一般在提问的时候，笔者建议问题内容要从试探舒服性区域到试探敏感性区域。同时，在规划你的问题的时候，注重连贯性，并注意将它与你的个人观点相联系。如果你希望提问"今年你们会把投资重点投向哪里"，那么在之前你可以先问"你觉得行业中去年投资最成功的案例是什么""去年你们企业投资最成功的一个案例是什么"，这样，从一个舒服性的问题切入交流，然后再去到一个敏感性区域的问题，既可以连贯，又不会太空洞。另外一个很重要的方法就是在提问时关联第三方或者行业状况，增强可信度。而且，往往当客户看到这些报告的时候，他们很容易提问，并跟你进行积极的互动。

总之，在对客户进行实情探询的提问时，要避免为了问问题而问问题。实情探询问题，可以作为与客户沟通时迅速打开话题的引子，但切忌反复和过多地使用，不然会让客户对你的认可度降低，不愿意讲出真实的需求。

第二种问题：难点诊断问题（挖掘需求）

Problem Questions，难点诊断问题，通常也被翻译成问题诊断型问题。这类问题主要的内容就是询问客户目前存在的问题、困难和不满，其目标和作用就是揭示客户的隐蔽需求，用反复深挖的方式判断客户的真实需求和潜在需求，并为之后陈述自己销售的项目、产品或服务打下坚实基础。譬如说："你对现在的系统有多不满？是什么阻止了你达成绩效目标？"与第一

第四章 六步法之第二步：确定需求

种背景阐述型提问不同的地方是，这类问题通常可以更好地理解客户的迫切程度，并更容易判断什么是真正的驱动因素。

为什么我们需要用难点诊断问题来让客户解释和阐述需求呢？原因很简单，需求几乎都是从对现状的不满意开始的。而这种不满意越是清晰和明确，客户就越是有可能购买新的产品和服务。

那么如何才能更好地进行这个维度的提问呢？笔者的建议是，做好两个方面的准备：第一是找到你的价值和对方需求之间的契合点，第二是辨别高风险区域和低风险区域的提问方式的差异。

从第一个方面来说，所有的产品和解决方案都有它适应的场景，就像所有的药品都有它的适应症一样，要按症开方，按方抓药。在很多场景中，业务人员会按照自己想提供的解决方案来给客户提问，一旦客户按照你的想法给出了一个类似的需求，就可以将自己的方案提供出来。但有时候这也是初级业务人员常常犯的错误，因为客户的需求很可能是大于等于你的方案范围的，因此如果你只是介绍你的方案的优势，而忘记了客户需要的东西其实大于你的方案，那么客户就不愿意再聆听你的方案了。因此，当客户在回答对于问题的看法时，如果他们愿意多讲，那么我们要做的就是聆听，不断地重复和表达自己愿意深度了解的意愿，让客户介绍得越详细越好；优秀的业务人员还会用其他客户的案例来打比方,"我之前另外一家客户就是碰到了一个类似的问题,他们的采购部老大就一直非常头大……",这样就能够打开话匣子。总之,要以客户第一的角度出发,以解决客户的实际困难为前提,对应你的产品和服务。

关于辨别高风险区域和低风险区域以及不同区域中的提问方法,则是另外一个非常重要的技巧。什么是高风险区域呢?就是触及到一些敏感数据,甚至机密的时候,往往客户是不能言无不尽的。而有难度的地方也正好在这里,恰恰是因为这些数据很敏感,才更体现出它们的重要性。

举个例子来说,销售人员很容易问采购人员:"这个品类的毛利率为什么会这么低呢?你们和竞争对手比差了几个点?"销售人员在后面隐藏的解决方案可能就是"我的产品的毛利率就很高,如果你卖我的产品,你们的毛利率可以明显增加"。但是由于这是一个相对非常敏感的话题,采购人员不愿意告诉你准确的数字。所以他们往往要不就顾左右而言他,要不就故意告诉你一个非常高的目标,让你骑虎难下。

所以,当提问类似这种高风险的问题时,一定要注意场合和时机。譬如还是提出上面的问题,一个比较好的提问方法就是换一个场景。你可以拉着采购人员一起研究今年的业务提升计划,并把你的方案先放在桌面上,这个时候,大家探讨的方向是,怎么把业绩一起提升上来。自然而然的,采购人员就需要把一些数据拿出来，作为现在的标杆和下一步提高的方向，这样你问他毛利率问题的时候，相对就很自然，因为你已经把一个高风险的问题放到了一个你跟客户共同想办法的低风险的场景中去。

只要能够做好匹配，并且用适合的场景去提问题，难点诊断类问题往往能够发挥立竿见影的作用，迅速地挖掘并确定对方的需求。

第三种问题：启发引导问题（挖掘需求）

Implication Questions，启发引导问题，这类问题通常针对的不是问题本身，而更多的是相关问题的结果和影响。启发引导问题的目的是抓住一条线索，或者说是客户方认为的很小的问题，进行放大、放大、再放大，就像蝴蝶效应，看似不大的问题但是却会产生巨大的影响。正是在这种挖掘的过程中，客户的需求会被自然而然地呈现出来。

例如，当客户提到产品供应链生产效率低下的困难点后，你可以立刻问他："这些结果对公司和产品的市场竞争地位有什么影响？""那会导致你成本的增加吗？""这种增加是短期还是长期的呢？"这样，一个问题就产生了一堆让客户思考的问题。

为什么这类问题这么重要呢？因为这类问题能够直接强调客户所面临的问题的后果，扩大相关的影响，并有利于客户理解解决这个问题的价值所在。也因为这样，笔者个人认为这是一类最容易引发客户思考并将需求转化为后续交易的问题。可以说，它是四种问题中最有效的一种问题。

那么怎么来更好地提出这样的问题呢？首先是充分的商业思维训练，其次是明确的准备策划。

从笔者的个人经历来看，越是企业高层，越是容易对这类问题展开深度思考和全面分析。正所谓站得高，看得远。一个好问题会直接引导这些企业高层想到后续的连锁反应。很多咨询顾问使用最多的正是这类问题。当然，不是任何人都能够问出好的启发引导问题的，因此，商业思维训练就很重要了。

你也许会问，我又不是企业高管，怎么能有高端商业思维呢？没关系，其实众多世界级的咨询公司早已经把很多有价值的思维模型进行了固化和沉淀，你只需要用这些模型来跟目标客户沟通就可以了。

以波特五力模型（图4-1）为例，它本身就提供了对于市场竞争状态进行分析的非常好的研究模型。

第四章 六步法之第二步：确定需求

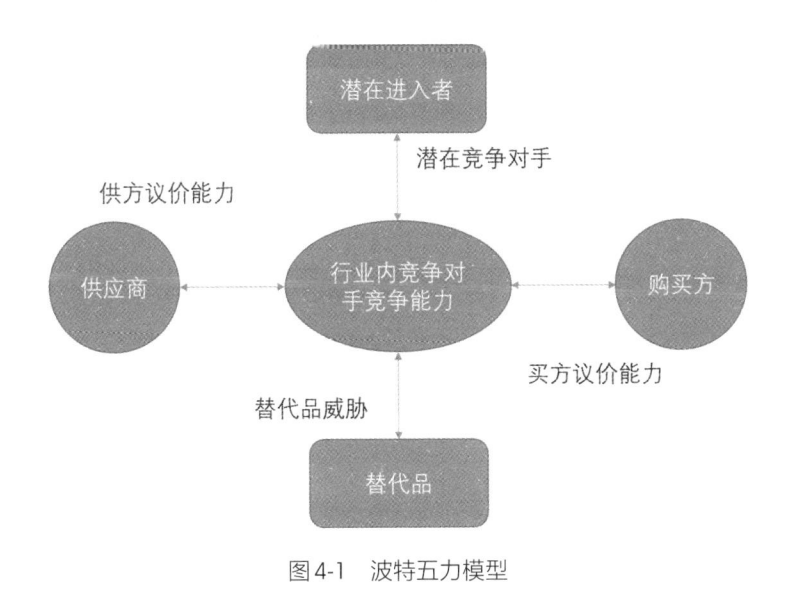

图4-1 波特五力模型

如果你想启发客户思考市场竞争力的问题，那么在与客户的交流过程中，就可以基于这个模型来进行启发式提问。例如，"这个研发的技术会对你在行业内的竞争力产生怎样的影响呢？""如果这个技术足够成熟，你觉得它可以为潜在竞争对手设置更高的壁垒吗？""假如利用这个技术迅速扩大市场，会对你的上游供应链产生更大的议价能力吗？""消费者会为这个技术买单吗？你的新产品的单价是不是可以设置得更高一些？""你觉得你这个技术可以替代谁？或者说，你觉得现在有其他的技术具有替代这个技术的可能性吗？"……

笔者相信，通过这样的推演，你们的业务探讨将会变得非常有深度，而且在这个过程中，你或许可以挖掘出更多的客户需求。

还有哪些思维工具值得你应用呢？笔者在这里列举一些自己认为非常好用的思维工具，供大家参考（表4-1）。

表4-1 不同管理领域的相关经典思维模型

组织战略工具	营销服务工具	人力资源工具	生产物流工具	财务管理工具
SWOT分析法	目标市场营销（STP营销）	平衡计分卡	5S现场管理法	ABC成本法
波特五力模型	4P营销组合	360度绩效考核	精益六西格玛管理	净现值法投资管理
PEST分析模型	产品生命周期模型	盖洛普Q12测评法	JIT生产方式	杜邦分析法
核心竞争力分析模型	3C战略三角模型	胜任力素质模型	VIMI库存管理	……

其次，来说说如何进行启发引导问题的准备。启发引导问题的提问难度是比较高的，通常笔者会把启发引导性的问题用于和相关高层负责人或者决策者的交流。因此，在提出启发引导问题前，你需要思考并明确哪些是最重要的客户难点或对你的产品或服务来说最有可能开发需求的启发引导问题，同时你可以列出客户有可能产生疑问的步骤和环节。这样你便能够有的放矢地进行问题的选择。

同时，在进行启发引导问题的提问时，也要注意避坑。

第四章 六步法之第二步：确定需求

第一，避免在会谈的一开始阶段就提问。一上来就开始提问会让人猝不及防，而且没有打开话匣子的时候，很难有建设性的表述。

第二，避免提出你无法解决的问题。如果你提出的问题自己都没有答案，那么最好还是避而远之，否则客户意识到之后很可能选择另外的供应方。

第三，提问时避开客户敏感性区域，不要哪壶不开提哪壶。

总而言之，启发引导问题如果问得好，而且得当，是能够引发客户的深度思考并加深他们对于相对应解决方案的潜在价值的认知的，而且对他们来说，这些答案都是自己想到的，也由此更愿意推进到后续的解决方案中去。

第四种问题：需求认同问题（确认需求）

Need-pay off Questions，需求认同问题，经常用于询问客户对自己所提供的对策和解决方案的价值和意义，是一种积极的、有建设性的沟通方式，往往跟在解决方案之后，例如：我们现在可以把产品的安装时间缩短一半，你认为这样将对产量有什么影响？如果能够对产量有质的提高的话，那么还将对资金链和销售方式产生什么影响？

这类问题的目的非常明确，就是确认需求：让客户来陈述并说明为什么他认为这个方案好；这样，大家就会对沟通的价值产生共性的认同。

具体如何来使用需求认同问题呢？由于这个类型的问题往往是启发引导问题之后的后续跟进，所以可以直接使用发现、澄清和扩大的方法来进行设计和表达。

例如，我们通过前面三类问题，确定了客户需要将现在自身的在线商城网站1.0的设计版本升级到2.0版本的时候，你可以通过发现、澄清、扩大的表达进一步提问客户：

- 您说得非常好，升级2.0似乎已经是行业的标配了。从您的角度看，为什么平台要把更多免费流量资源给到2.0版本的店铺呢？（发现）
- 时间为什么对升级这么重要？如果能够在9月底之前完成能对"双十一"销售产生什么影响呢？（澄清）
- 这一套2.0版本的设计升级除了应用到您自身的在线商城，还能应用到合作伙伴的相关页面上去吗？如果可以的话，这个动作是不是就产生了双倍甚至多倍的效果和影响呢？（扩大）

通过以上三个不同表达方式的问题，我们就可以让客户在回答问题时，自己阐述出解决方案的好处，从而进一步明确了他自己的需求。

总之，在需求认同阶段，通过提问的方式让客户自己来讲述，一定是最好的认同你解决方案的价值的方式，这样，自然就可以减少后续推进合作时相关的报价和签署合同的压力。

讲完了四种问题，我们再来对应一下它们和需求的种类之间的关系。需求分成"需要的"（迫切解决且重要）和"想要的"（战略性投入和高层次升级）。"需要的"往往在难题、不满或困难中被陈述（S类和P类问题居多）；"想要的"往往在欲望、愿望或行动企图中被陈述（I类问题居多）。

表4-2中，笔者将这四种问题进行了模块化的分析，供大家参考。

表4-2 SPIN销售技巧在应用过程中的比较

问题种类	基本类型	使用目的	明确需求效能等级	应用建议
S：Situation Questions 实情探询问题	刺探舒适性区域问题 刺探敏感性区域问题	了解背景，让客户自己阐述需求	★★★	掌握市场动态，成为行业专家，并且把握提问节奏
P：Problem Questions 难点诊断问题	主要针对的是目前存在的问题、困难和不满	揭示客户的隐蔽需求	★★★	找到你的价值和对方需求之间的契合点，避免高风险区域

续　表

问题种类	基本类型	使用目的	明确需求效能等级	应用建议
I: Implication Questions 启发引导问题	通过线索和思维框架，不断放大并理解影响	挖掘客户需求，明确问题表面下的本质需求	★★★★★	充分的思维训练，明确的准备策划
N: Need-pay off Questions 需求认同问题	发现、澄清和扩大解决方案的实际价值	理解这个需求点被解决以后的作用和真实价值	★★★★	利用类比方式，让客户理解投入后的产出具体是什么

总结来看，SPIN销售技巧是一种理解和明确需求并同时挖掘新需求的方法。在使用SPIN销售技巧时要记住，问对问题的前提是策划好问题——只有通过前期充足的准备工作，有效地对谈话中的问题进行策划，才能有系统、有目的地对客户的两类需求——"需要的"和"想要的"——进行分析和挖掘。

SPIN销售技巧的核心理念：

你永远不要劝服客户什么，你的职责是理解你的客户关心的事（需要的+想要的）。你必须像他们自己感觉自己的难题一样去感受，站在他们的角度来看待那些问题，并确认他们各类需求的优先级。

第四章 六步法之第二步：确定需求

确定需求的时机

不仅西方文化中有系统的需求解决理论和销售方法，东方文化中也有丰富的需求解决理论和销售方法。其中有一个最重要的概念就是——善于等待。

需求的"需"字，上面是雨，下面是而。中国文化经典中，《易经》将"需"卦的卦象看作为水在天上，表示水还没有落下成雨的样子。因此，看到这种景象时，古人所提倡的精神就是耐心等待时机。

确实如此，大地和万物都需要水的滋润，但是并不是每一场雨都会成为及时雨。甚至有时候，过度下雨会让人厌烦。所以，我们在确认需求的过程中，也应该让自己成为客户的及时雨。

提到及时雨，大家一定会想起这个绰号的拥有者，《水浒传》里的宋江。一个武力和智力都不见得是最高的人，却成为梁山108条好汉忠义堂上的大哥。不得不说，宋江的优点就是来自于他的仗义疏财，急人之所急。不论是对晁盖、武松、李逵，他都在对方最需要的时候，及时施以援手。

同样做一件事，逢不逢时、对不对胃口会使得最终的效用千差万别。其实，双赢销售思维的理念中所提倡的，也正是这种对于需求的及时把握。时机不同，价值大不相同。

如何才能做到把握时机呢？在这里，有几个重要的影响因子可供大家参考：

- **行业趋势**：企业都担心掉队！如果整个行业都在朝某个方向发展，那么作为头部企业、领先品牌，自然不能掉队。
- **重要科技成果**：怎样建立壁垒？企业成败往往就在于机会的把握。如果拥有建立竞争力的时机，企业一般都很难拒绝这样的机会。
- **破坏性难题**：所谓破坏性难题，就是重要且紧急的问题。例如公关危机、行业丑闻等。这些时候，往往企业都不惜代价。
- **人事变动**：这是最常见的时机。所谓"新官上任三把火""一朝天子一朝臣"。重要岗位的人事变动往往也意味着很多不破不立的业务场景机会的出现。

这样的机会点其实层出不穷，总体来说，东方智慧所强调的善于等待是要让这样的合作能够更加匹配地给到相应的客户。如果说西方思维告诉我们的更多是如何刨根问到底的方式，那么东方思维所强调的则是时机的匹配性对价值的巨大影响，强调确定需求的过程中，要有耐心、有恒心，且有光明之心，不能出于自私的目的去坑害客户。

处理反对意见，转化并理解需求

前面谈的都是顺境，或许你会问，逆境中怎么办？有些时候，我们会碰到蛮不讲理的客户，他们有时会非常不礼貌地拒绝沟通，有时会采取各种不合作的方式来逃避我们的提问。那么这种时候，怎么明确客户的需求是什么呢？你需要另外一门技巧：处理反对意见。

什么是处理反对意见？就是用一套合理的逻辑和沟通方式来缓解客户的异议，从而进一步理解客户的真实想法和需求。

客户的反对，往往是由你自己造成

笔者见到过不少因为一些误会，造成销售人员与客户老死不相往来的局面。往往这样的局面非常窘迫，销售人员甚至都不知道自己做错了什么，为什么会被当成不合作的理由。后来，笔者慢慢发现，很多的成见和客户的拒绝，其实都是由销售人员自己造成的。

例如，过早地提供了解决方案。这几乎是所有业务人员都踩过的坑，不等客户说完就急于甩出方案，不等需求明确就急于丢出报价，后面呢？不仅业务没有合作成功，还烙下了一个没有礼数的印象，以致客户不愿意再跟你进行过多的沟通。又比如，理解错了客户的用意。明明客户希望的是向左，但是你却理解成了向右，而且没能把握客户上下级之间微妙的需求异同，导致两边都不讨好，最后被冷落甚至拒绝。

有反对意见的人，都是有需求的人

那么为什么要处理反对意见呢？因为，往往有反对意见的人，才是真正有业务合作兴趣的人。真正没有任何兴趣的人是不会反复提出反对意见的。所以，处理反对意见，其实就是再次理解真实需求的过程，其中最重要的，是处理情绪，其次重要的，就是理解需求。

提到处理情绪，这个和我们在第三章中所提到的沟通技巧有很大的关系，主要的方式就是共情和倾听，如果大家有进一步了解的想法，可以回看第三章相应的部分。

而理解需求，是有一套体系化的处理方式的，简单说可以分成四个步骤。

第一，确定反对意见。我们可以用穷尽法来向客户提问，追问客户的反对意见，在此过程中控制好自己的情绪。例如当看到客户投诉时，你可以说："您对我们的这个员工的意见我已经听到，并记录了下来。请问您这么生气，还有什么具体的原因吗？"问了几遍之后，可以继续问："除了以上的几点之外，您觉得还有什么是让您生气的原因呢？"一直问到客户说"我觉得差不多就是这些了，没有更多的原因了"的时候，你可以停下来，进行一下简单总结，将客户刚才提到的所有意见都重复一次，并确认记录是否有遗漏。请注意，这个过程非常重要，而且很需要耐心，一定要让客户充分表达，并且说完（往往这个时候客户的气可能已经消了一半以上了）。

第二，理解反对意见。这里我们可以先用排序法来删除一些不重要的反对意见。例如你可以说："请问您刚才提到的这些反对意见，我都明确记录下来了，我对我们的工作给您造成的影响深感抱歉，但同时，我希望听取您更进一步的建议。如果将刚才那几个意见分个类，或者排个序的话，应该是怎样的先后顺序呢？谢谢您给我的意见，因为这样能够帮助我正确地理解这些因素在你心目中的重要性排序。"等到客户开始反馈的时候，用重复、停顿等沟通技巧来明确地排列并找出重点（这个时候要让客户充分感觉到你的诚意）。

第三，转化反对意见。这里可以用类比法来提出你的建议，并转化客户的认知局限。举个例子来说，面对客户，我们可以这样说："谢谢您的帮助，现在我已经将您提出的这些疑问和建议都做了记录和梳理，我的理解是，您最关心的问题就是我记录的第一条产品质量稳定性的问题，对吗？是不是如果我们先把这个问题解决，就解决了您现在的燃眉之急呢？"或者说："谢谢您的帮助，您的需求我分成了两类，这两类都很重要，但是如果资源有限，我们需要先将第一类问题解决，才能保证业务的正常运作，您觉得是这样吗？"总之，就是将范围和解决问题的思路进行相应的转化。请注意，这是四个步骤中最难的一步，也是最关键的一步。其目的，就是将转化后的方向与你心中的第四步的解决方案能够对应在一起。

第四，处理反对意见。用准备好的解决思路或方案来针对性地就客户刚才所确认的信息，进行建议，并获得客户对于需求的确定。例如："好的，谢谢您的帮助，现在我觉得我们可以就质量问题的重要性达成一致了。那么我有一个建议就是，通过一个星期的时间来突击固化生产质量控制流程，并通过二次抽检的方式，来确保我们的产品质量能够保证千分之一以下的次品率，如果可以做到这样，是不是就算是解决了您的问题呢？"这里的关键是，你的处理方案必须是合理的，而且是可信的。只有当客户相信这个方案可以处理好这些问题，他才会认可这个方案与他自身需求之间的对应性。

以上四步的整体思路参考见下图（图4-2）：

第四章 六步法之第二步：确定需求

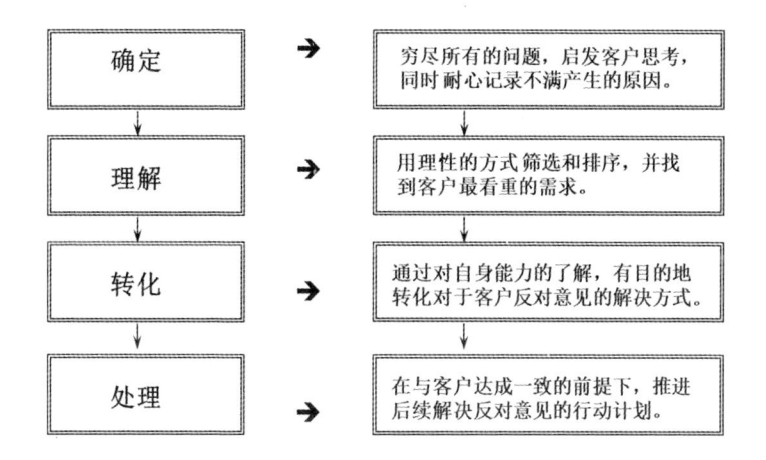

确定	→ 穷尽所有的问题，启发客户思考，同时耐心记录不满产生的原因。
理解	→ 用理性的方式筛选和排序，并找到客户最看重的需求。
转化	→ 通过对自身能力的了解，有目的地转化对于客户反对意见的解决方式。
处理	→ 在与客户达成一致的前提下，推进后续解决反对意见的行动计划。

图4-2 处理反对意见的四个步骤

处理反对意见不仅可以应用在B2B（商对商）业务场景之中，还可以应用在B2C（商对客）业务场景之中。作为客户服务中心，针对客户的投诉和疑问，如果能够处理得当，不仅可以赢回客户对你的肯定，而且能够从客户的反馈中发现客户在产品购买到使用过程中的真实体验。不要害怕客户提出反对意见，也不要因为客户提出了异议就止步不前。客户的反对意见，其实也是他提出需求的一种特殊方式，就像吵架的双方，一定是有合作的需求才会产生摩擦，只是这种不满如何能够通过有效的沟通拉回到一个正确的合作路径上来。

从不满看出需求，这才是处理反对意见这个技巧能够帮助我们确认需求并赢得客户的关键所在。

小结

确定需求，作为六步法的第二步，在整个销售业务过程中扮演着极为重要的角色。其中的要点总结如下：

首先，需求的理解要基于对"需"和"求"不同维度的沟通和交流来实现，不要简单地被客户的浅表性认同或者抱怨带偏了；

其次，需求的确定一定要基于合作关系的稳固发展，因为我们所提倡的是与客户合作的长期价值；

最后，需求的满足是要基于时机和匹配性，只有及时雨才会展示出雨的最大价值。

这是六步法的第二步，也是相对来说极为关键的一步。迈过确定需求的环节，基本就找到了通往合作之门的钥匙。所以，业务能否开展，关键往往就在于这一步的成败。

在理解需求时，一定要时刻想着我们的自身价值与对方的所需所求之间的匹配性；在挖掘需求时，要善于启发和引导客户考虑更大的合作框架和更长远的合作思路。这样的思维越清晰，大家对彼此合作的认同感就会越强，后续的合作推进也会越顺利。至于满足需求和创造新需求，我们会在后面的几步法中做进一步的介绍和解释。

学习双赢销售思维，确认需求小技巧

1. 面对客户提出的需求，要有耐心，切忌扑火，切忌过早地提出你的解决方案。

2. 没有固守不变的打法，兵无常势，水无常形，问问题需要融会贯通，见风使舵，但是始终不变的，是每次会谈前的准备。这些准备至关重要，一定要策略性地设计你的问题，并且考虑不同的可能性下你的组织和应对方式。

3. 遇到客户提出相关反对意见，不要担心或沮丧，这恰恰代表他的需求还没有被明确认知。

练习双赢销售思维，现在就应用相关销售技巧

1. 做一个行业高参，建立你在客户面前的专家形象。了解行业状况，武装自己；可以定期或者有规律地和你的客户分享一些行业报告信息，其中可以重点提炼出一些你认为对他有价值的新方法、新趋势，相信会对你们的会谈沟通产生建设性的作用。

2. 在每次销售沟通之前，有效地组织一下四种问题，以及相应的不同场景下的提问方式和承接方式，有必要的情况下，请和你的同事做一些客户对话的场景演练，以帮助自己更加熟悉这些技巧的使用方式。

第五章

六步法之第三步：表明价值

价值的独特性、匹配度和传导力是需要兼顾到位才能充分体现的。本章的重点会从顾问式销售方式的维度进行切入，学习在正确的情境下表明价值，用说服性销售技巧来更好地让对方理解和感知价值，并且学会找对核心高层关键人物来更高效地传递价值。

在第一章中，笔者谈到过价值定位和表达的三个维度，就是价值的独特性、匹配度和传导力。到这一步之前，我们都在聆听或者理解客户的需求，而从这一步开始，我们需要更加主动地让客户理解你就是他最合适的那个合作方，而且更好地利用双赢销售思维的理念来推进成交与合作。所以，这个章节的重点，就是找对价值匹配度，强化价值传导力。

好的销售过程，三分看方案，七分看表达。表明价值的效果往往取决于三个维度，其一是表达的场景对不对，其二是表达的方式对不对，其三是表达的对象对不对。价值的匹配度和传导力在整个销售过程中的作用和重要性是非常高的。

第五章 六步法之第三步：表明价值

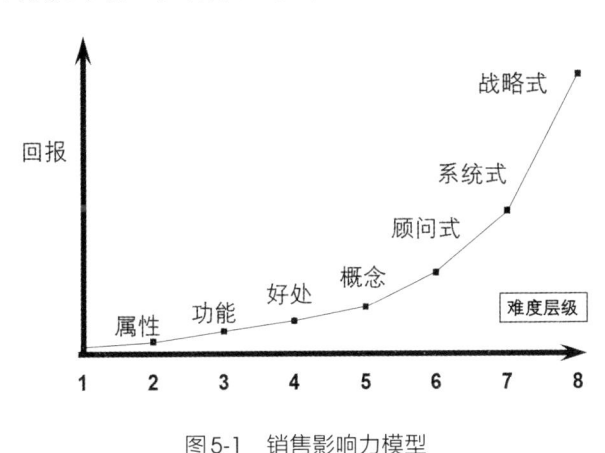

我们先来看一张销售影响力模型图（图5-1）：

图5-1 销售影响力模型

在销售表达体系中，我们通常会把不同销售方式对于客户的影响力归纳在图5-1中。左侧的纵轴代表的是销售的回报，而下方的横轴则表明了不同的销售方式和内容。从左到右，依次是属性、功能、好处、概念，然后到顾问式、系统式和战略式。

不同的销售方式所能获得的回报为什么会有如此大的不同呢？原因在于不同销售方式所表明的价值很不一样。同样一个产品，你介绍的方式和强调的内容不同，产生的价值感就会迥异。

我们以竹纤维的餐巾纸举个例子：

- 产品的属性——竹纤维餐巾纸；
- 产品的功能——竹纤维能抗菌抑菌；
- 产品的好处——天然环保，有利于保护森林；
- 产品的概念——全新绿色生态环境的必备品，代表生产者支持社会的可持续发展，如果使用者本身也是非常支持环保和可持续发展理念的，那么就会产生天然的认同感。

有没有发现同样是餐巾纸，当你用不同的方式和内容去介绍它的时候，它给你带来的价值感完全不同？当你谈到产品的属性的时候，只能理解价值的第一层含义，而谈到功能、好处以及概念时，层层叠加的溢价会让你感觉到你买的绝对不是一个简单餐巾纸而已。这就是表明价值的第一种方式：利用产品的不同维度来呈现价值。而后面的三种销售方式，则是从三个不同的角度来表明产品或解决方案价值，并推动业务发展的。顾问式销售，更多的是因地制宜地为客户提供贴身打造的定制化方案；系统式销售，是从业务流程的角度制定更好的模式，并且用系统化的方法来帮助客户改善现有流程，优化资源，节约成本，创造更大效益；而战略式销售，是从未来发展的角度，指出客户企业的立身之本，帮助客户明确发展之道以及投入之术。

第五章 六步法之第三步：表明价值

当你用后面三种销售方式去表达你的价值的时候，会发现你从售卖产品本身变成了帮助客户解决问题和提升企业竞争力的角色，它们也因此成为了更为高级的销售方式。

当然，这个销售影响力模型并不一定完整，仅是从某个客观的角度为大家展示了一些销售方式能够对于价值本身所带来的巨大差异。接下去，我们就从表明价值的匹配度这个维度谈起，用顾问式销售方式来更好地把你的方案和客户的需求结合起来。

顾问式销售，匹配才是真正的价值

了解顾问式销售，最重要的就是理解传统式销售和顾问式销售的最大区别，以及针对四种不同情境下表明价值的不同方式。

首先来看一下传统式销售和顾问式销售的区别。

传统式的销售节奏无非分成以下几个步骤：自我介绍，产品介绍，解除顾虑，促进成交。而顾问式的销售则非常不同，它的核心步骤会分成：建立信任，明确需求，表明价值，促进成交。

从不同步骤中，我们可以很明显地看出两者的差异。传统式销售是建立在"我"的基础之上的，销售步骤换个表达式是这样的：我是谁、我有什么、为什么是我、我们成交吧。而顾问式销售则是建立在"客户"的基础之上，换个表达式是这样的：客户信不信任我、客户需不需要我、客户理不理解我的价值、客户和我的成交。

"我"和"客户"，起点不同，终点自然就很不一样。双赢销售思维最重要的一点就是让我们把眼光放到客户身上，而不是关注自己。

当我们关注到客户身上的时候，会发现，原来他们对我们的认知是完全不一样的。所以，在你准备卖东西给你的客户之前，请先了解客户所处的状态，我们将它称之为情境。在不同的情境下，我们的销售方法是完全不同的。

情境销售模型是顾问式销售最重要的落地销售技巧，它的定义是：业务推进过程中，销售人员需要对销售环境（市场环境、竞争对手情况等）进行评估和诊断，从而把握客户的购买趋势、前景；并据此不断调整自己的销售风格以适应实际情境的需要。

在情境销售模型中，购买准备度是一个极其重要的概念。它是指客户在签约购买前对产品（或服务）了解或承诺购买的程度。

很多时候，我们觉得客户一定会买我们的服务或产品，其实不然。购买准备度是一个非常重要的变量。首先，它取决于你的客户对于这个产品/服务需求的迫切程度；其次，它也取决于客户是否有足够充裕的费用和预算来进行这样的投入和购买；而最后，也是最重要的，是客户有没有更好的选择，或者愿不愿意现在就选择。

笔者来分别解释一下关于购买准备度的几个维度：

1. 关于迫切程度。

这里通常需要考虑的几个因素有：

（1）这个问题/需求影响到现在正常的工作流程和交付了吗？（是否涉及成本，影响力有多大，会不会造成质量问题或者产生相应的质的变化？）

（2）这个问题/需求的影响（负面或者正面）会影响到什么层面的组织？（客户本人，他的整个团队，他的老板甚至集团的高层，抑或整个公司？）

（3）这个问题/需求需要被解决的时间紧迫性强不强？（本月，还是本季度，抑或是本年？还是并没有时间约束？）

2. 关于预算和费用。

这里通常需要考虑的几个因素有：

（1）是否在常规预算计划内？还是需要独立/特殊审批？

（2）如果是特殊审批，那么相关流程涉及到的时间周期和审批层级的复杂度会到什么情况？

3. 关于客户的其他选择。

这里通常需要考虑的几个因素有：

（1）历史上，为这个客户提供过类似产品和解决方案的有哪些人/公司？其中他们的共同点和不同点大致是什么？

（2）客户是否使用过我们的产品和服务？对使用的体验和评价大致如何？是否有二次推荐和续约的情况发生？

（3）我们和客户KDM（关键决策人）之间的信任度和合作关系到达了什么层面？他对于后续合约的推动的能力有多大？

总之，购买准备度的高低如果需要量化，我们可以从两个核心维度来判断，第一是是否对公司和产品有认知，第二是是否愿意现在就投入合作。

在图5-2中，笔者利用这两个维度来对他们进行一个分类。对于我们提供的产品或服务没有认知和没有合作意愿的客户，我们放在R1的范围，也可以说是零基础的状态，这是第一种情境。对于我们提供的产品或服务没有认知，但是有合作意愿的，我们放在R2的范围，这是第二种情境。相比R1来说，R2的客户相对是更容易被打动的，也就是购买准备度偏高一些。

而对于我们提供的产品或服务有认知的客户，我们同样把他们分成两类。R3范围中的客户是有认知，但是体验并不好，或者对体验有疑虑的客户，所以他们并不急于合作。往往他们是从其他的渠道了解相关的信息，但不抱有绝对的信任。而对于既有认知，又有合作意愿和承诺的客户，我们就将他放入 R4 范围。相比 R3 来说，R4 客户的购买准备度更高。

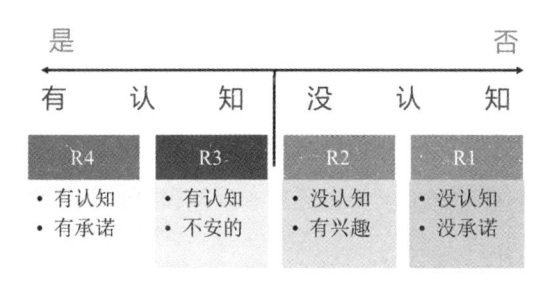

是		否	
有认知		没认知	
R4	R3	R2	R1
・有认知 ・有承诺	・有认知 ・不安的	・没认知 ・有兴趣	・没认知 ・没承诺

图 5-2　购买准备度情境分类

现在，我们的四种不同情境就出现了。请注意，在所有的销售过程中，做到顾问式销售的基础就是明确对方的所在象限，并且有针对性地进行价值表达。如何做呢？笔者来分别阐述一下。

R1情境：没认知，没承诺

场景特征：通常客户会表示"现在不购买""不知道或不清楚产品特性"，找多种理由推脱甚至不太愿意接待，或者带有防御性或有敌意的交流方式来进行互动。

顾问式销售的目标：建立顾客的兴趣和认知。

在这种情境下，我们需要做到重理性的指导，轻感性的支持。回顾双赢的基础，这种情境下的主要问题就在于你的自身价值还没有被客户感知。因此，要推动的最重要的工作就是客户对你和你产品的自身价值认知。

关键表达动作：

1. 回归到介绍产品或解决方案本身的属性、功能、好处和概念，充分地表达产品的自身价值，用真实案例来说明产品优势，包括行业中的获奖情况、所有其他客户的真实评价，以及相关产品的行业地位等。

2. 利用行业报告和相关公信力强的参考资料，为产品或解决方案的价值背书。其中，不定期的信息分享，专业的产品+解决方案发布会和媒体报道都可以对你的产品或解决方案的推广产生初期的"种草效应"，等待客户转移到 R2、R3 或者 R4 情境的时候就可以进一步施加影响和推进销售工作。

3. 邀请其他成功的客户进行互动，形成第三方效应。如果你的案例是行业内本身就具有非常大的影响力和背书效应的，那么这种第三方的背书，会对你的产品和解决方案产生一个重要的加持，让它更容易引起你的客户的兴趣。

禁忌和需要注意的：

这个情境要特别小心的是对客户不要用威胁、忽悠和支配的手段。很多业务人员在看到客户方的问题之后，就非常迫切地想要将自己的解决方案介绍给客户并让客户接受，以至于客户还处在R1情境的状态下,就用夸张的方式表达他的问题的严重性,不断强化客户如果没有使用相应的解决方案的情况下容易造成的重大损失。或许,这些可能性是存在的,但是如果客户方对你的产品认知还处在非常低的水平的时候,刻意用这样的支配客户注意力的方式风险很大。

R2情境:没认知,有兴趣

场景特征:通常这个情境下的客户会非常仔细地聆听你对产品或解决方案的介绍并且做出积极的响应。你可以感觉到他们是非常有兴趣了解,并且是希望知道清楚的答案的,而且这种情况下,销售人员只要做出正确的价值表达方式,业务推进的可能性非常高。

顾问式销售的目标:使产品/服务的价值获得顾客的接受和认可。

在这个情境,既要重理性的指导,又要重感性的支持。这个情境和R1最大的差别就在于客户是有兴趣的。当购买准备度已经明显提高的时候,如果你的自身价值能够被客户正确地感知,那么你们后续的合作推动将变得非常顺畅。

关键表达动作:

1. 和R1情境的情况相同,你也是要做好几个关键的重"理性"指导的工作,包括:

（1）介绍产品本身的属性、功能、好处和概念；

（2）利用行业报告和相关公信力强的参考资料为你的能力和价值背书；

（3）邀请其他成功的客户进行相关的互动。

2. 更重要的是，在这个情境，尤其需要把握好第三章中所提到的沟通原则，提高共情，注重倾听，重视感性支持所能起到的拉近距离、建立信任的作用。

（1）聆听，让客户多说一些。这个情境下的客户表达了对产品和解决方案的兴趣，说明他本身一定是有痛点和需求的。回顾上一章 SPIN 销售技巧中的四种问题，你可以引导并启发客户来说出他的兴趣到底来自于哪里，以及他的痛点到底会引导到哪些需求。

（2）共情，表达你的支持。如何让客户感觉到你已经理解他的需求呢？很重要的一点就是共情。不用过度强调你了解或者听得懂他的诉求，而是相应地表达你愿意配合和了解更多的意愿，并及时做出对观点的重复和情绪上的呼应。

（3）认可，表达你的肯定。不管客户对你的产品和解决方案是否非常肯定，你都不急于去申辩和纠正，而是更多地表达对他认真了解相应产品以及在于公于私各个方面的全局观和先进性。认可你的客户，才能激励他们表达更多，并且也让他们对你的产品和解决方案的价值产生更加客观和全面的认可。

3. 情绪第一，说服第二。如果一定要在前面两个行动方案中排出一个先后顺序，那么处理和关注情绪一定是第一位的，而说服和解释是恰到好处的第二步。两者融会贯通，一定能让价值和需求进行更加精准的匹配，并顺利引导到后续的合作中去。

禁忌和需要注意的：

鼓吹和防卫是最容易在这个情境产生的两个错误行为。

往往当客户表达有兴趣之后，很多业务人员容易默认客户一定会购买相应的产品和服务，因此鼓吹变成了顺理成章的动作，夸大其他合作伙伴的反馈和好评以及放大未来可以与客户合作的价值，反而会成为客户心中埋下的"雷"，一旦被发现产品价值低于预期或者不匹配需求，就容易造成最终合作的失败。

而防卫是另一个陷阱。客户表达兴趣的方式多种多样，不见得都是表扬和赞美，也可能是挖苦和疑问，就像上一章所提到的处理反对意见的情况一样。这种情况下，应该用正确的方法（参考上一章）来穷尽、理解、转化并处理对方的反对意见，而一旦你进入防卫模式，不停地解释和打断客户希望表达的需求，彼此的不信任关系也就自然而然形成了无形的墙，让你们的合作推进举步维艰。

R3情境：有认知，不安的（有疑虑）

场景特征：通常这个情境下的客户会很注意倾听并且做出响应，和R2情境不同的是，他们对于产品有了初步的认知，因此更容易对一些细节表现出极大的兴趣，其实是因为他们在寻求更强的购买理由，但也仍然对购买这个决定保有一定的疑虑。

顾问式销售的目标：强化合作推动双赢的目标，并获得客户承诺。

在这个情境下，打消客户顾虑是最重要的工作。因此我们可以轻理性的指导，但要重感性的支持。如果客户已经了解了你们但是又没有合作意愿，那么一定是被一些先入为主的信息引发了某些顾虑，而且还不一定愿意告诉你。此时，你的核心工作是赢得客户的认同，不论是对你个人或者是对你的公司。即便你的产品在现在这个阶段并不能完全解决客户的痛点，也不妨如实告知，并介绍你们未来的改进计划和方案，这样反而更容易获得客户内心的认可和对这个合作的长期承诺。

关键表达动作：

1. 重视感性支持的工作，尤其是先理解，再回应，注重在彼此了解和尊重的基础上来推进工作（具体内容R2情境中已经展开，这里不做详述）。

2. 以长期主义的思维方式来看待短期交易。这一点，在R3

情境中尤其重要。当客户对你和你的产品有一定了解了以后，你应该以追求长期合作为目标，保持与客户的紧密互动和沟通。事物是在不断发生变化和迁移的，因此不要用固化的眼光去看待你和客户之间现在的关系，也不要用固化的眼光去看待你现在所能够提供的产品和服务，以及客户需要解决的痛点和需求。相反的，如果可以做到以诚待人、用心做事，反而更能够打消别人的顾虑，解决他们对产品的疑惑，并对双方的合作前景抱有更坚定的信心。

禁忌和需要注意的：

屈尊和强化是最容易在这个阶段产生的两个错误行为。

屈尊的意思是为了在短期内达成合作而不断退让。例如，别人表达了对你的产品和服务的疑虑，然后你给到对方一个相应的折扣。这样的行为是非常忌讳的，因为从本质上来说，你并没有打消对方的顾虑，反而用一种低价补偿的行为来试图掩盖产品或者服务的不足。这样会使得客户对于这些疑问产生更大的顾虑，并会对你本人产生更大的不信任感。

而强化的意思是始终围绕客户提出的疑虑来进行解答，这也是一种常见的误区。客户提出来的疑问往往只是片面和局部的，解答这些问题的过程会让客户感觉到这个问题的严重性和重要性超过了它本来应该在的范围。对于这样的情况，最好的方法是重视，但不强化。让客户了解到我们明白他的顾虑和需求，但是同时还是会从全局角度出发，客观地对问题进行分析和探讨。

R4情境：有认知，有承诺

场景特征：通常这个情境下的客户已经对你提供的产品和服务有足够了解，因此更愿意以结果为导向与你沟通。他们会是一个很好的合作伙伴，对于事情的进展有承诺，同时也会关注项目内外各事项的进展，希望掌握更多的信息。在这个情境中的你需要作为一个合作方，深度地参与和追踪相应的进展，并及时地进行相应的沟通。

顾问式销售的目标：提高客户满意度，维持长期客户关系。

在这个情境中，不论是理性的指导，还是感性的支持，都已经不是那么重要，而真正重要的，是投入在这个合作关系中。既然客户对你的产品有认知，而且也愿意付出相应的代价来推进这个合作，那么如何让客户在整个体验中获得他所期望的东西，并且让这些体验超出客户的期望，提高客户满意度，并维持长期令双方满意的合作关系，才是更重要的工作。

关键表达动作：

1. 全情投入，详尽方案，及时沟通。

（1）制定相应的推进工作表，让客户感受到你们所提供的方案是经过缜密的思维和充分的验证之后的客户化定制方案。

（2）推动与客户各个部门的多方沟通，仔细地听取各方意见，并且制定相应的沟通机制，保证不同层级的不同客户参与方都能够及时得到相应的重要信息。要注意的是，往往客户内部不同部门人员的需求是不太一样的，因此，要针对不同级别的人设计不同层面的沟通会。

（3）亲自追踪，表示关注和支持。即便你是非常高阶的负责人，还是需要在每个阶段亲自参与和客户的会谈，一方面是督促团队的其他成员持续保持对于这个项目的关注和重视，另一方面也是及时从自己的角度来表达对客户的反馈意见的理解和支持，而这一切，是可以很好地实现项目的推进的。

2. 设计超出客户预期的行为，让这个客户成为你的口碑传播渠道，并带动更多的客户合作。

（1）超出客户预期的行为。举个例子，如果他认为你的这个项目至少需要三个月完成，而对他来说，如果两个月可以达成能更好地缓解他的时间压力，那么你破格增加相应的工作人员，并实现这样的目标是对于客户最好的回报。

（2）巧用重要的客户，产生新的价值。例如邀请客户作为核心伙伴，参与一些重点项目的测试工作或者新产品的研发工作，定向开发客户群和进行口碑传播，共建实践基地等，都是很好的方式。

禁忌和需要注意的：

在面对有认知、有承诺的客户，推卸和慢待是最不可取的行为了。往往，因为客户的信任和兴趣，你会觉得这个单子的成交概率很高，因而将工作的重心放在了一些更加难的机会点上，从而慢待了客户，但是其实这样做，反而容易因小失大。而推卸则更不可取，因为一些误会的产生，不能及时地承担责任，那么不仅会失去一个客户，而且容易造成更加糟糕的行业口碑，那么带来的损失就不是一个项目可以衡量的了。

通过以上的分析，我们不妨将所有的场景汇总到一张图内，这就是下面的这张场景应用图（图5-3）。大家可以看到从下方的四个情境中所引导出来的四种不同的应对和处理方式，希望可以作为一个重要的工具，帮助你们实现有效的价值表达。

第五章 六步法之第三步：表明价值

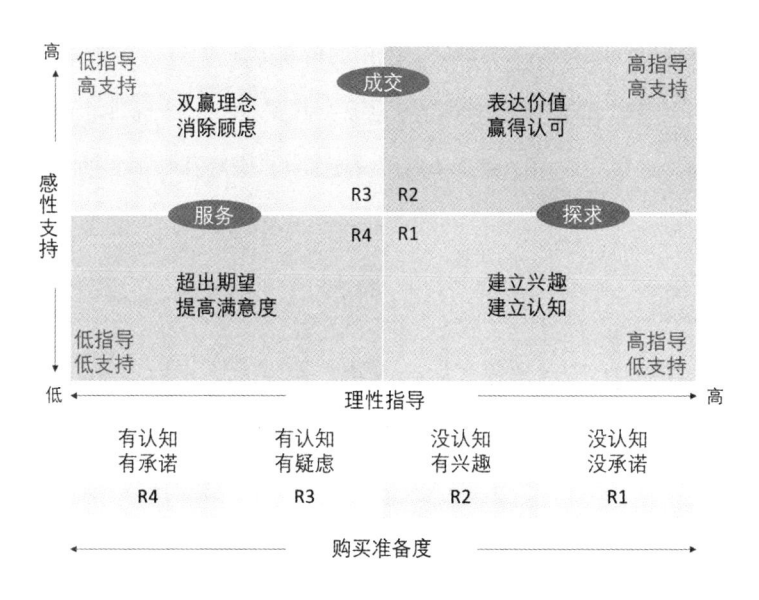

图5-3 情境式销售模式（顾问式销售）综合图

说服性销售技巧，提升价值的传导力

除了上面情境式销售模型（顾问式销售）中所强调的匹配度之外，表明价值的过程中，传导力同样是非常重要的指标。怎么加强传导力呢？

所有的宝洁销售管理培训生入职后的第一课就是培养说服性销售技巧（PSF），其被誉为宝洁销售经理必修的基本功。业界对于这个技巧也有非常多的延伸分享。说服性销售技巧的核心价值就是加强了表明价值过程中的传导力。

怎样做到这个更大的传导力呢？其实是有一个标准化的简易框架的。我们用一张简单的图（图5-4）来解释一下它的逻辑结构：

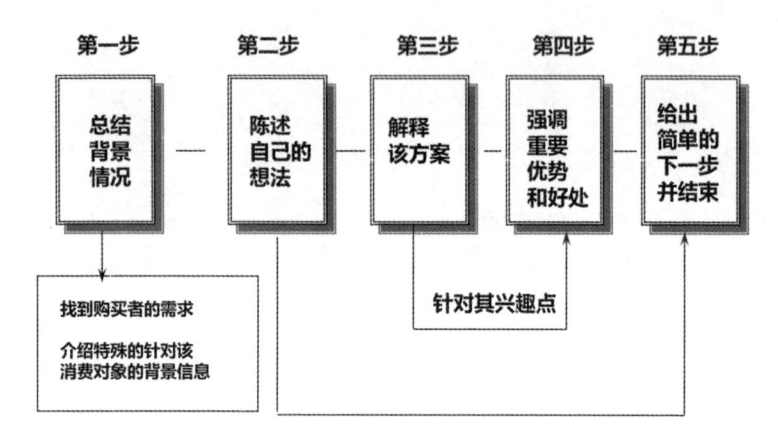

图5-4 说服性销售技巧流程图

放眼望去，你会发现，其实我们身边的很多广告都是按照这个逻辑来做的。如果你身边有一张广告宣传单页，不妨拿起来对照一下，是不是暗合上面写的这五步的逻辑？这类广告，一般都有一些图表或者数据让你感到焦虑，然后就是展示他们的产品，下面会有各种套餐的分类、当下的折扣，以及购买方式或400咨询电话。其实，这就是一个说服性销售技巧的实际案例了。简单吗？看似简单，做起来却不是那么简单。

第五章　六步法之第三步：表明价值

笔者的亲身经历中，光第一步"背景陈述"就练习了很久，而且还练得不到位。双赢销售思维中提到，一切交易源自于需求，但问题是，你知道客户的需求是什么吗？对，这就是关键点了。请记住，所有的背景陈述都不是无缘无故的！换句话说，当你跟客户阐述你的观点之前，一定要做好第一步，也就是背景信息的陈述，把来龙去脉讲清楚，且都需要和客户关心的内容相关。如果你的客户关心的是系统的效率，那么分享现在行业客户中的平均值和对他们调研后的具体值，都是非常有价值的信息。在这种情况下，客户才会有充分的代入感和兴趣去聆听你的第二步。如果你有100分的时间去思考表达你的解决方案，那么请用90分的时间和精力去想好你的背景陈述及需求解读。没错，它就是这么重要。

"提出方案"在"背景陈述"之后，会顺理成章。既然有需求，一定要有解决方案啊。不过，这里的重点是尽量简明扼要。有时候，你可以用一些比较有趣、带记忆点的词语，例如雄鹰计划、三步走方针等，这样既可以有个纲领，又可以吸引对方的兴趣，继续来听你的解释。

"解释方案"和"强调好处"则是介绍方案的详细内容的最重要部分。当你对方案的具体内容以及它的好处进行解释和强调的时候，请注意前后的呼应——因为你的方案的好处一定是针对客户的需求而来的，因此，该方案的内容设计和对客户的好处也得百分之百进行扣题。你越是精准地针对需求来解读好处，就越是能够打动客户。

最后，在给出"简单的下一步"的时候，尽量给客户选择的方案，而不是回答"是"和"否"。聪明的业务人员都会在选择中提供基于价格门槛、复杂程度、优惠力度的下一步。例如："我们的汽车本周末和下周末都有车友会和试驾活动，您看您哪个周末的时间比较方便？""今天您买任何东西都可以抽奖，而且如果超过1000元的话还有一束鲜花赠送。"这些，都是常见的下一步的话术，其目的就是保证客户在选择的时候，一定是可以有下一步的合作机会。

综上所述，说服性销售技巧就是将背景、方案、优势、合作推进进行了完美整合，也正因为如此，这个体系才会将一个方案不至于简单粗暴地丢在客户面前。方案价值的传导力也在这样的一个过程中被充分提炼并表达出来。当然，这样的方案陈述模式并不是固定或者一成不变的。如果你已经熟练地掌握了它的技巧和逻辑，你也可以进行适当地变形。

说服性销售技巧不仅适合单个方案的表明价值，而且在进阶版的说服性销售技巧中，这个技巧还可以进行嵌套并整合表达更大的价值体系。

例如，你的IT（信息技术）架构设计方案是一个整体的业务流程，那么可以先在全局性上说明你的方案价值，如为什么适用于客户这个企业，以及你们在这个过程中能够为客户企业带来的好处。当进入到一个细分领域（例如财务模块）的时候，可以第二次将财务领域的问题和解决方案通过说服性销售技巧进行价值表达，后续再进入一个新的领域时，同样以此类推，层层递进。

另外，在你表述的过程中，当客户表达了疑虑或者对你中间的某个部分表达特殊意见的时候，请不要着急。回到沟通技巧中，处理反对意见的四个环节中去。首先穷尽对方的疑虑，不要急于扑火，其次理解对方最核心的需求，找到重点。再次进行转化，确定哪个方案是最终解决客户疑虑的关键问题，最后再次使用说服性销售技巧，陈述你针对对方疑虑的解决方案。不用担心对方的疑虑，就像我们所分析的那样，越是有疑虑，越表示客户是有真实需求的。不要着急，一步步来。

找到关键人物，表明价值事半功倍

表明价值的第三个重点，就是找到对的人。没错，找错人，事倍功半，而找对人，就能事半功倍。当你的方案的匹配性和传导力都已经准备就绪之后，找正确的人就成了最重要的工作。

安东尼·帕里内罗（Anthony Parinello）的《向高管推销》一书中，将非常重要的高阶人物缩写成 VITO（Very Important Top Officer），笔者在本书前面的内容中，也讲到过 KDM（关键决策人）的重要性。这里笔者再系统性地提炼一下，从双赢销售思维的角度出发，如何将价值表达给到你认为最重要的人。

其实 VITO 也好，KDM 也好，不管他们的职位高低、能力高下，但有一点是共同的，就是他们都是有需求的。

对这些人表明价值，最重要的就是你需要将双赢销售思维中的第二条——业务发展源于价值创造，深深地扎根到思维中去，并用你的语言去表达，什么是对于客户方的价值创造。

每个 VITO 或者 KDM 的时间都是很宝贵的，因此他们都非常珍惜时间，不希望跟你的交流是浪费他们的时间，也不希望在没有准备的情况下沟通一些他们并不熟悉的话题。所以，为了向他们更好地表明价值，首先要记住的第一点是，所有花时间的沟通，都是有机会成本的。

第二，人与人之间都是惺惺相惜的，彼此的认同非常重要。我发现，其实能够和 VITO/KDM 交流，一些基础能力是非常重要的，包括以下几个方面的特质：

- 不可置疑的超强自信
- 可以主动协同和被动协同（也可以理解为适应能力强）

第五章 六步法之第三步：表明价值

- 倾听和沟通的能力，善于表达
- 渴望胜利
- 充沛的精力和韧性

当你展示出以上这些特性时，往往就能够与VITO在同一个频道上进行公平的交流。

第三，就是做好背景调查和研究，了解客户所在公司的内外部环境和行业竞争情况，以及他们的实际问题和难点，并推导出他们的真正需求，越详细、越有针对性，越好。VITO/KDM都是在行业中相对非常有经验的人。他们对很多问题的表面肤浅的部分不会太有共鸣，常规的SPIN问题很难打动他们，只有真正做好前面两章中所提到的客户渗透和SPIN问题中的I类（启发引导类）问题的准备，基于购买准备度的情境去进行价值展示和产品展示。这种情况下，客户高管是非常容易被吸引的，而你的引导和提问会让对方产生更加精准的需求共鸣并将交易推动到下一步行动计划中。

第四，利用好相关触点和工具。何为触点？英文叫"Touch Points"，也就是能够接触到对方的环节。以一个关键人物每天的生活和工作的触点为例，电邮、电话、会议、运动、餐饮、休闲，都是有可能接触到他的环节。有些是被动和静态的，例如行业报告的推送、招标会议的陈述和解答；而更多的是主动和动态的，例如上下班时间的不期而遇、外部行业会议上的咖啡时间，这些关键的场景和机会，都是表达价值的重要手段和工具。不要小看电邮或短信，抑或是不期而遇这样的小触点。如果只做一次，这些触点往往没有大的作用，但是如果联系在一起，那么这些触点就很有可能会产生润物细无声的效果。表明价值也是一样，有些时候需要高强度的单次输出，而更多的时候是需要高频率、低强度的影响。在关键窗口期，用精心准备的展现形式，让对方感到惊艳和超出预期，从而留下深刻印象，这些都是行业中获取重要订单，以及建立高层次的战略合作关系所必不可少的技巧。

第五，坚持长期主义。不要相信昙花一现的成功，更不要用欺骗的手段搞定有了第一次就再也不会有第二次的所谓交易。和这些关键决策人在一起的业务合作，不论结局如何，都是一个建立关系并且拓展人脉的过程。因此，你的口碑，往往比你的成绩，要重要一百倍。表明价值的时候，切忌过度自信和夸大，务实和谦虚的态度往往更能够获得信任。正面的一小步，坚持走十次，就是正面的一大步。正是因为这样，长期的坚持变得有意义，并最终影响到对方的高层人物。久而久之，你也可能成为一个行业影响力很大的人。

回到本章的内容，表明价值的过程中，最重要的是要把本身价值的独特性通过正确的匹配度和聚焦的传导力表达出来。

当我们面对不同情境的客户、不同层级的客户，都可以在顾问式销售这样的技巧中，找到一个切入点去进行价值表达。顾问式销售的情境销售模型、说服性销售技巧以及与VITO/KDM的沟通，就是通过这章与大家分享的表明价值的关键成功方法。

小结

本章是六步法中的第三步，也是我们在和客户建立关系后，确定需求并表明价值的过程。表明价值的效用取决于三个维度，其一是表达的场景对不对，其二是表达的方式对不对，其三是表达的对象对不对。希望通过这个章节，我们对于这三个维度建立起新的框架认知，审视自己过去为什么不成功，想想哪些销售方式可以帮助自己在未来更加有成效地进行价值表达。希望分享的这些技巧对你有帮助！

学习双赢销售思维,表明价值小技巧

1. 找到独特性价值点,把握产品的属性、功能、好处和概念,在不同的客户面前适当地展示对他来说最重要的价值,这样更容易让你的商品获得认可。

2. 找对匹配度,顾问式的销售技巧关键在于对购买准备度的了解,通过四个不同象限的准备度分析,推动相应情境下的销售方案。

3. 加强传导力,找到客户阵型中的KDM和VITO,找对人,讲对话,事半功倍。

练习双赢销售思维,现在就应用顾问式销售方式

1. 参考附图,在每一次表明价值之前,先确认自己的客户的购买准备度,并针对性地想好理性指导和感性支持策略。

明确客户购买准备度
在下面空格处描述一个顾客或准顾客的购买准备度
购买准备度

高	中	低
服务	签约	接触

2. 想一想你的客户的特性，将他们在不同购买准备度下的表现记录下来，这些可能就是他们的共性，能够更有利于你辨识他们所处的情境和状态。

> **养成研究客户肢体语言的好习惯**
>
> 在下面的横线上描述一个准客户或客户的购买准备度，在每一种水平下他们的说话、手势及身体语言都分别有什么特点？
>
> **准备度水平1（R1）：没认知 - 没承诺**
> _____
>
> **准备度水平2（R2）：没认知 - 有兴趣**
> _____
>
> **准备度水平3（R3）：有认知 - 不安的**
> _____
>
> **准备度水平4（R4）：有认知 - 有承诺**
> _____

第六章

六步法之第四步：达成交易

六步法的第四步，就是实现业务从0到1的交易的开始。本章，我们会围绕商务谈判的过程，分解谈判的关键要素，分析成功谈判的准备过程，最终实现达成交易。

如果说销售六步法中的前三个步骤是推动业务进展的酝酿和准备过程，那么后三个步骤就是业务成交和发展的不同阶段。其中最重要的第一步，就是如何突破这临门一脚，达成交易，也就是实现从无到有的第一步。

上一章在顾问式销售的情境销售模型中，我们看到了不同类型的客户在不同购买准备度情况下的合作意愿状态以及我们应该采取的应对模式。在合作意愿成熟度高的情况下，客户在业务人员成功地表明了自己产品/服务的价值之后，就会进入到达成交易阶段。然而，在真实世界销售合作的推进过程中，最后的临门一脚并不是每次都是这样顺利的。例如，客户在需求已经明确且固定的情况下，往往倾向于压低价格从而实现更高的直接效益；而在价格固定的情况下，往往倾向于要求额外支

第六章 六步法之第四步：达成交易

持（例如付款方式、买赠、免费服务、售后保障等）来实现更高的附加效益。在这些情况下，谈判就不可避免地出现了。

商务谈判是达成交易过程中的必要环节和手段，而且是无处不在的。本章，笔者会重点来谈一下针对商务谈判的基本概念和关键策略，分解谈判的关键要素，分析成功谈判的准备过程，破解实现双赢的谈判秘籍。

破解商务谈判及相关理论

商务谈判是什么？

商务谈判是在销售过程中双方就交易条件和商务条款进行沟通、磋商和相互的交涉并交换相关利益并达成最终协议的手段和过程。

在笔者的职业生涯中，经历过不少的商务谈判，有些谈判耗时很长，甚至远远超过销售前期介绍产品和解决方案所花的时间。而一些跨国大公司的采购培训体系，对商务谈判也有着非常深刻的理解，甚至有些不成文的条例专门应对销售人员的软磨硬泡。下面列举的就是一些国际零售商采购部门针对品牌商销售人员的谈判技巧（表6-1）。

表6-1 国际零售商采购部门的谈判技巧

序号	谈判技巧（摘要）
1	永远不要试图喜欢一个销售人员，但需要说他是你的合作者。
2	永远不要接受对方的第一次报价，让销售人员乞求，这将提供更好的机会。
3	随时使用口号：你能做得更好。
4	销售人员始终有一个上级，这个上级总是有可能提供额外折扣。
5	当一个销售人员轻易接受条件，或到休息室去打电话并获得批准，可以认为他所做的让步是轻而易举的，进一步提要求。
6	记住：当一个销售人员来要求某事时，他肯定会准备一些条件给予的。
7	聪明点，但是也要装得大智若愚。
8	要求有回报的销售人员通常更有计划性，更了解情况，应花时间同不用回报的销售人员打交道。
9	毫不犹豫地使用结论，即使它们是假的。如：竞争对手总是给我们最好的报价等。
10	不断重复反对意见，即使它们是荒谬的。你越多重复，销售人员就越相信。
11	别忘记你在最后一轮谈判中会获得80%的条件。
12	别忘记对于那些每天拜访我们的销售人员应尽可能了解其性格和需求。
13	注意我们要求的折扣可以有其他名称：奖金、礼物、纪念品、赞助、小报、插入广告、补偿物、促销、上市、上架费、节庆、年庆等。
14	不要让谈判进入死角，这是最糟糕的。
15	假如销售人员说他需要花很长时间才能给答复，告诉他你将很快和他的竞争对手达成协议。
16	不要让销售人员读到数据，他越不了解情况，越相信我们；随时准备一些书面材料去说服对方，哪怕不准确。
17	不要被销售人员的新设备和分析工具吓倒，那并不意味着他们已经准备好谈判了。

第六章 六步法之第四步：达成交易

续　表

序号	谈判技巧（摘要）
18	假如销售人员和其上司一起来，应要求更多的折扣，并威胁说你将撤掉他们的产品。对方上司不想在下属面前失掉客户，通常会做出让步。
19	永远记住：你卖而我买，但我不总买你卖的。
20	在一个伟大的品牌背后，你可以发现一个没有任何经验的仅仅依靠品牌的销售人员。

有没有出乎意料？是的，在商业战场上，斗争的激烈性和残酷性是很强的。一旦你没有做好准备，十打九输。

回到双赢销售思维的基本框架，一切交易源于需求。所以，不论商务谈判的过程是如何地让你难受或者不舒服，只要你能理解它背后的需求，其实就不难处理了。反过来，你应该这样想，只要是商务谈判，就说明有需求，而且只要处理得好，一定可以在某种妥协的前提下达成交易。

事实上，商务谈判也是对方进一步表明某种需求的过程，比如对方希望你理解他更高的期待，并且希望你通过一些让步来让他实现这种期待，以及心理上的优势和交易中的好处。例如，你常常会看到菜市场里面，一些主妇为了一两块钱争得面红耳赤。其实这些买菜的主妇为了一毛钱去和摊主谈价还价、斤斤计较的时候，她在意的可能真的不是便宜下来的那些零头，而是摊主给她作为老主顾优待的特殊待遇，以及那个卖菜的摊主通过不断地夸她厉害精明而且无奈地把零头抹掉时她那种获胜的喜悦。而那个摊主，在谈判中是输家吗？更不是。他实现了销售和利润，还让他的客户心里头很舒服，下次还愿意去他那里买菜。这不就是双赢吗？

商务谈判的逻辑，当然没有买菜卖菜这么简单。商务谈判某种程度上是达成交易的必要组成部分，同时也是企业进行采购流程管理和供应商管理中的必要环节。商务谈判并不是不可掌握的玄学，我们可以将它的要素进行分解，并且通过相应的手段技巧来让它朝有利于双赢合作的方向发展。

为了让大家更为真切地感受和理解商务谈判，笔者来详细介绍一下与商务谈判相关的几个重要理论。其中最重要的，是冰山理论和目标界限理论。

商务谈判中的冰山理论

冰山理论是指谈判过程中，你所看到的，往往都只是真实世界的一小部分（冰山水上的部分仅占冰山的10%），也被称为冰山效应。不管是所谓的买的没有卖的精，还是由信息的不对称所造成的价格的偏离，或者是由决策的时间压力所造成的判断失误，其实都是由冰山效应所造成。

而信息不对称对双方其实又是公平的。你看不到对方的全貌，对方也看不到你的全貌。商务谈判的时候，最关键的是要了解对方的冰山中（隐藏在水下的部分）对你最有利的部分，

第六章 六步法之第四步：达成交易

以及隐藏好在你自己的冰山中（隐藏在水下的部分）对你最不利的部分。

所以，商务谈判中最重要的就是对于信息的获取和判断。而对信息的获取和判断过程中，不仅要求我们敏锐地去观察水面下的信息，同时还要注意避开一些"坑"，例如忽视、误判，还有笼统理解。

所谓忽视，就是信息被表达了，但是没有被获取，或者说没有被完整地获取。达成合作的过程中，往往有很多前提，而且这些前提有些跟付款方式相关，有些跟信用相关，有些跟资质相关，并不会在一个地方完整呈现。而这些忽视往往会带来额外的成本。

所谓误判，就是信息在被获取的过程中改变了它原来的意思。常见的问题就是认知性偏差。例如，有些时候销售经理会拉出大老板来给客户一些特殊折扣，客户往往会认为，这些特殊折扣只有这个大老板才能给出，这个销售经理自己是没有这个权限的。没错，这是一个正确的常规思维，但往往也是会被销售人员利用的用户心理。销售人员会让客户认为上司所做出的特殊折扣往往是下属所做不到的，但其实，这个判断本身就是一个认知性偏差。

所谓笼统理解，往往就是指以偏概全的一些话。有时候，销售团队的同事们经常垂头丧气地回来，说我们给出的条件，对方说不可能合作，我们实在是无能为力了。这种情况下我就会反问他们：对方所说的不可能，是基于什么前提条件的不可能呢？对于这个不可能，你是不是理解得太笼统了呢？好比说，"是不是增加了某个付款方式，它就变成了有可能呢？""是不是你要求他行使的责任中所有十点加在一起不可能同时做到，但是减掉其中的某一点，剩下的九点做到还是可能的呢？"所以，不要犯笼统理解的毛病，正确理解信息对谈判的成败至关重要。

如何避免这些忽视、误判和笼统理解的毛病呢？就是要准确地确认和判断你所获得的信息。如何做到准确？可以使用以下五种问法来尽量做到：

第一，提炼并反问。这种问法的好处是针对关键问题做判断分析。例如：你的核心意见就是××对吗？如果我做到××，是不是就解决了你的核心顾虑？

第二，直接疑问，并二度确认。和第一种最大的不同是，这里你不需要做任何提炼，只需要重复并在最后加一个疑问的问号就好了。这种问法的好处是表达尊重，并且让对方知道你在字斟句酌地理解他所说的信息。例如：我听到了你的意见是××，确认一下是这样吗？

第三，夸张式反问。这种确认信息的方法不仅能够表达你对信息的怀疑，也可以表现出你对于他陈述的某些信息和态度的不满。例如："你觉得我们的国际团队不在乎对吗？但是说真的，全世界的这10000名员工和他们的家人会不在乎吗？"

第四，沉默。这其实也是一种确认信息的方法。当你不说话的时候，对方会希望进一步让你知道他想表达的信息，因此会进一步重复其中的关键内容。

第五，总结性重复。当听完所有的意见后，将你记下来的全部重复一下，并确认你没有误会或者遗漏任何信息。这样做的好处是可以用"你比较希望的方式"来统计相关的信息，并让对方确认后作为你们后续的谈判基础。例如："你刚才所表达的信息我都听到了，有1、2、3点，我总结下来情况是这样，你听一下，理解不到位的你再补充！"

通过这样的一些方法，你对信息的认知和处理就能够提升一个台阶。同时你需要经常地演练，才能够熟练地将这些方法融入到日常的对话中去，这不仅能够避免对于信息的错误理解，还能够对一些关键信息有更加敏锐的感知。

总之，冰山理论的重点就是在于理解谈判中信息的价值。其中最重要的就是要做到理性应对和挖掘，并为最终达成交易建立基础。很多时候，合作双方越是了解，越是易于达成一致。

商务谈判中的目标界限理论

目标界限理论，是指谈判双方应该尽量了解彼此的底线，并在彼此的心理预期之间的范围中达成合作。

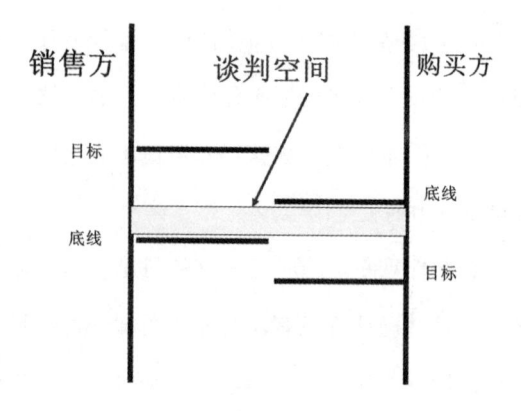

图6-1　目标界限理论中的谈判空间

图6-1仿佛是一个上帝视角，它告诉我们一切的交易，最后的成交线势必是落在了两个底线之间的区域，区别在于，成交线是更接近于买方的底线还是更接近于卖方的底线。运用目标界限理论来理解商务谈判时，有两个特别重要的方法是可以进一步探讨的。

1. 锚点效应——如何让底线浮出水面，并使得你在谈判中居于优势地位？

什么是锚点效应？

锚点效应是指当人们对某个事件做定量估值的时候，会不自觉地对最初获得的信息产生过多的重视。由于一切都是相对的，因此锚点就类似于一个基点，会让人倾向于将未来的目标与它联系起来。

第六章 六步法之第四步：达成交易

往往，在谈判中先出价的人，会比较容易被对方猜到你的目标界限，也因此，很多人不愿意先出价，而是尽可能让对方来出价。而另外一个方面，也正因为这种天然的心理主观印象，先出价的人其实更容易设置一个锚点，使得最终的谈判价格更接近于这个目标的锚点价格。

在现实的谈判过程中，我们是不可能知道对方的实际心理价位的。因此，锚点是一个比较好的让对方了解你的心理价位的方法。在谈判的过程中可以通过设置锚点的方法使谈判朝向自己更有利的方向发展，譬如说作为卖方，可以将价格锚点设置得比你的实际目标更高，这是常见的做法，其目的就是让最终的区间成交时离你的实际底线更远，从而实现更高的利润。比如，你的实际目标界限是5000～10000的时候，你就可以先把锚点设置在15000，并且告诉别人，这个就是上一个客户购买该产品时的价格，你甚至可以提供发票给他看，这样这个锚点就自动加强了它的可信程度。

而如何在谈判中让自己居于优势地位，就是让对方真切地了解、认可并相信你所设置的锚点对应的所谓目标界限。这个界限说得越是让对方无可辩驳，就越容易在谈判中获得主动。

2. 底线调整策略——如何让看似不可能的谈判空间变成可能？

当你看到下面这张图（图6-2）的时候，你可能会觉得这个谈判没办法再继续下去，而事实上，这几乎是每一个谈判开始时候的必然现象。

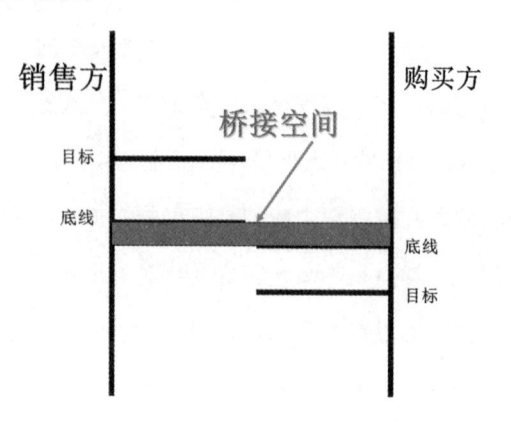

图6-2 目标界限理论中的桥接空间

图6-2中所谓的桥接空间就是在双方的底线之间架桥。很多非常有经验的卖方，都会让自己的底线高于对方的底线，从而造成不可能实现的任务。但是事实上，桥接空间才是彼此真正谈判的部分，其中包括了桥接的方式和相应的条款。

以下是一些常见的桥接方式：

1. 商务补偿：指在合同中约定特殊付款模式、赠送等价值赠品或培训等知识类隐性价值。

在价格不能达成一致的情况下，卖方会使用一些隐性的价值来作为补偿，桥接到对方所期待的整体价值。如买方的要求是100元/台的价格，而卖方承诺，如果是120元/台的卖价，可以给一个额外的等价于20元的赠品,作为给予的免费价值。类似的,所谓免费赠予的培训、额外给予的应付账期(例如延长30天付款等)都是给到额外价值的方式。

2. 后续合作条款:指例如用远期合作换回当期合作的某些损失。

虽然本次的销售价格不能再打折,但是可以承诺客户,如果他在一定周期内(例如一年内)可以实现固定量的采购(例如1万台机器),这样就可以退回与客户期待的目标价格之间的差价。如120元/台的价格,到达10000台采购量的时候,可以返还之前的20元/台的差价。这样的好处是采购人员实现了所谓目标价格的采购权,销售人员也没有失去对于本次销售的价格底线。

3. 外化合作条款:指不在这个合同内的其他的合作条件。

本次商品的合作虽然无法给到折扣,但是可以根据采购的总量来计算相应的差价价值。这个差价价值可以在另外一个同客户的合作采购框架内进行抵扣。这样做的好处是,销售人员既没有丢失对于本次项目的标的价格,同时又成功地将采购人员的注意力放在了一个销售人员希望另外售卖给采购人员的商品上。销售人员利用这个价差的补偿条款,可以与采购人员进行第二笔相对应商品的采购合同的签订。

这个部分的内容相对比较复杂,且由于不同行业和不同项目的特殊性，会有不一样的操作方式。但本质是一样的，就是建一座桥，把双方的目标底线拉到一起，从而实现达成交易的共同目标。

以上，就是商务谈判的一些初步概念和核心理论。了解这些概念，可以帮助我们知道，商务谈判其实是达成合作的必要过程。不论是简易的谈判，还是复杂的谈判，事实上都是希望在彼此的底线之间找到合作的标的价格，最终开启合作的大门。

成功谈判的前提：做好谈判准备工作

如何实现一次成功的谈判？凡事预则立，不预则废，想要谈判成功，就要先做好准备工作。

在谈判的准备工作中，最重要的有四个部分的工作或者四个步骤（图6-3），分别是：收集信息，设立目标，准备筹码，设置计划。

第六章 六步法之第四步：达成交易

第一步	第二步	第三步	第四步
收集信息	设立目标	准备筹码	设置计划
■ 收集对己方有利的信息 ■ 收集对对方不利的信息 ■ 判断信息的真实性	■ 分析谈判力量 ■ 判断对方利益驱动和决定取舍 ■ 设定并内部对谈判目标达成一致	■ 准备论据 ■ 判断对方可能的反驳 ■ 设定多种方案 ■ 了解对方 ■ 角色分配	■ 设定开场 ■ 制定议程 ■ 列出技巧性的提问 ■ 列出对方可能的问题

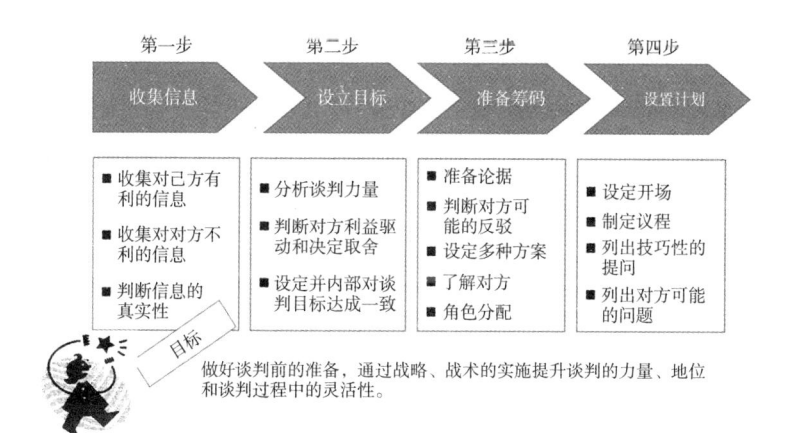

目标：做好谈判前的准备，通过战略、战术的实施提升谈判的力量、地位和谈判过程中的灵活性。

图6-3　四步走准备模式

第一步：收集信息

作为商业谈判的理论支撑，冰山理论为我们展示了信息的不对称特性，所以在谈判前，我们最重要第一步，就是尽可能地收集关于谈判对象隐藏在水面下的信息，降低我们与谈判对象的信息不对称性。在谈判准备过程中，我们需要了解的事件类信息大致分成六个类别，这里的每个部分都需要知己知彼。

第一，力量（重要性/规模）。所谓的力量，正是帮助你达成销售合作目标的核心原因。比如你企业的品牌、你的产品的核心技术、你企业的行业地位和话语权、你个人的决策权以及你个人拥有的行业影响力等。例如你的品牌和产品如果在行业内

163

没有办法被替代，那么你就成为了对方的不二之选；又例如你是公司的销售决策人，那么你的出场基本就意味着企业能够承担促销的最低限度。除了绝对力量之外，相对力量也是一个重要维度。

第二，选择。最佳次选方案（Best Alternative to Negotiated Agreement，简称BATNA）是国际谈判学中经常用到的词语。如果这次谈判最终不成功，你的最佳次选方案是什么？不同的时间，你的最佳次选方案的选择可能也会不同。有时候，甚至你没有次选方案。所以，一定要先想好这个问题，不仅考虑你的，也考虑对方的BATNA，要做到知己知彼。

第三，信息知晓度。简单来说就是你认为你知道的对方冰山水面下的部分相比于对方知道的本方的冰山水面下的部分哪个更多。信息是能够影响甚至决定整个交易的，它会使人们对一些判断产生变化，甚至有影响和改变力量的能力。例如，当谈判对方知道你已经提出离职，在这个职位上最多只有一个月的时间了，而这次谈判或许是你跟他们谈的最后一笔交易，那么你可以想象你在谈判中的力量会改变多少。又例如，如果你的公司本身正在面临巨大的现金流压力，而这次交易能产生的现金流对公司是生死攸关的，那么你的谈判对手如果知道了这些信息，一定会铆足了劲往下压价。

第四，影响。影响的意思是指这个谈判本身对于双方企业和个人的影响力的大小。影响和力量的不同点在于，影响是指重不重要，而力量更多的还是看谁的资源或体量更大。影响往往是由于谈判标的的重要性对于双方的权重而定。例如，即便从力量的角度来说，甲方比乙方要大得多，但是乙方是其相关行业内的领军企业，甲方一旦打开了乙方这个突破口，相当于打开了乙方所在的行业市场。从这个角度来说，这个谈判对甲方的影响更大，因此乙方在谈判中反而可以借助这一点拥有更大主动权。

第五，时间和灵活性。时间是影响交易的谈判关键要素，其实就是时间压力的缩写。每个人都有时间表，你的时间不够了，决定就成了你的压力，你的时间很多，往往也会让你错过一些关键决策点。所以时间是把双刃剑，但同时往往也是最后决定交易的最关键因素。

第六，制裁和威胁。即谈判破裂损失（Consequences of Non-Agreement，简称CNA）：如果最终没有谈成，你会损失什么？对方会损失什么？损失的只是一个交易额？还是一个重要的标杆？抑或是口碑？损失更大的一方当然更不希望这个业务最终谈崩，因此也就会在谈判中处于劣势。

笔者用下面的这张图（图6-4）来表达上述的六个方面的信息：

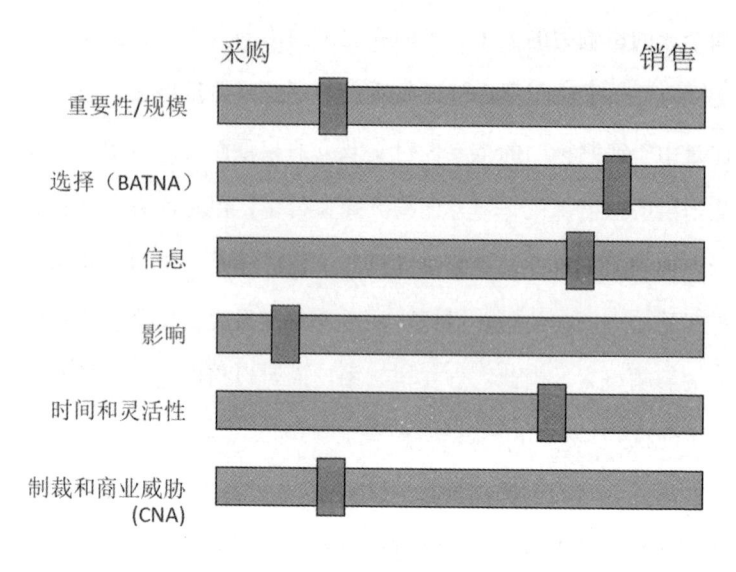

图6-4 力量分析模型：了解谈判双方的强势弱势

图6-4中有六个维度，中间是一杆秤，秤砣更靠近哪一边，哪一边就占更多优势。从上面的分析中，基本就可以全面地看到不同维度对双方的影响。这张图的作用就是帮助你审视整个格局，并做出一个比较客观的对整体优劣势和自己最需要抓住的关键优势的判断。

以上，笔者将针对事件的部分准备内容做了一个初步的分析，但还有一大块是针对人的部分所需要做出的分析。其实，了解人有时候比了解事更加重要，因为事在人为。很多时候，同样的场景和事件，不同的人谈，结果完全不同。所以，了解对方对顺利谈判是非常重要的。对于人，在谈判前需要进一步去认知和了解的内容有：

a. 个人信息（主要是工作经历、个人爱好和性格特征）

b. 个人利益/动机（发展阶段、个人需求层次、其他动机）

c. 谈判习惯/风格（谈判的风格和个人的领导风格有很大关系）

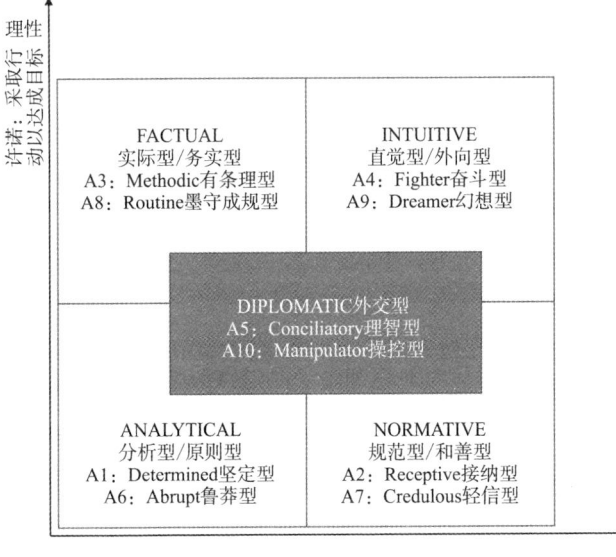

```
理性
许诺：采取行动以达成目标
```

FACTUAL 实际型/务实型 A3：Methodic有条理型 A8：Routine墨守成规型	INTUITIVE 直觉型/外向型 A4：Fighter奋斗型 A9：Dreamer幻想型
DIPLOMATIC外交型 A5：Conciliatory理智型 A10：Manipulator操控型	
ANALYTICAL 分析型/原则型 A1：Determined坚定型 A6：Abrupt鲁莽型	NORMATIVE 规范型/和善型 A2：Receptive接纳型 A7：Credulous轻信型

感性
合作：开放的，易接触的

图6-5　个人谈判风格模型

图6-5中，根据一个人感性和理性的风格划分，产生了五种不同的风格。横轴表示对方的风格是否开放，是否易接触。往右表示更加容易，也就是更偏感性。纵轴表示采取行动以达成目标的习惯和态度，越是往上表示看中行动大于看中分析思考，也就是更加理性。当然也有一种非常善于谈判的人，能够在不同的四个象限中跳跃变化，就称其为综合型，或者叫外交型。其他的每个模块都是有明显特征的。每种类型的人在压力不同的状态下往往表现出的样子也会不同，上面的这个风格是他正常时候的状态，而下面这个风格是他在压力情况下容易转变成的状态。

笔者举一个类型的例子来解释这个模型。例如对方是一个看中行动大于分析思考（看你做的多过听你说的），且不够开放不易接触，那么他在图中就是左上角所描述的实际/务实型的人（销售人员往往都是比较外向、直觉型的人，因此碰到这种人都比较头疼）。当他在正常状态下，往往就是我们表格中的A3型状态，有条理，难以辩驳；但是当他在压力状态下，往往会转为A8型状态，墨守成规。

这类人的优势往往非常明显：外表、环境秩序井然，东西的摆放井井有条；穿着整洁得体，美观大方、一丝不苟。行为模式往往非常冷漠，给人严肃认真的印象，不易接近；讲究身份，受名誉左右；欣赏准时，珍惜时间；乐于学习，尊重专

第六章 六步法之第四步：达成交易

业；注重客观事实、证据和结果。同时他们的劣势也很容易展现在以下几个方面：个性特征、行为不善于变通；多疑，需要时间建立对他人的信任；往往回避责任和风险。

所以，基于这种谈判对象（A3、A8），在谈判过程中我们可以进行如下安排：

- 谈判场景安排
  —尽量正式的谈判环境
  —整洁、整齐和有条理的布置
  —相应决策权的人员参与
- 会面
  —准时（到达）
  —带有尊重的迎接和问候
- 谈判中要
  —直接进入议程和主题
  —关注专业背景
  —欣赏他们的想法
  —提供理性的论据、与客观相符的事实和黑白分明的方案

请相信，如果你做到了这些，这类风格的谈判对象一定会非常地尊重你的专业能力和价值判断，也会对你所提出的论点

和论据有更好地认知。同时，你也可以适当利用他们的弱点，也就是往往回避责任和风险这样的缺陷来反向用激将法促成一些业务订单的达成。

只有了解一个人的谈判风格，才能够既投其所好，又不至于被其所制。

前面笔者提到过，在准备工作中，最重要的四个步骤是：收集信息，设立目标，准备筹码，设置计划。所以当我们收集信息（包括事件信息和人物信息）做得差不多了的情况下，就可以进入到后面几个步骤了。

第二步：设立目标

请注意，这里的目标是基于这些新获取到的背景信息来设置，而不是根据原来的所谓业务目标来设置。目标的合理性也往往是最后达成的关键衡量指标，如果目标设置得不合理，那么再怎么谈，都不会有好的结果。我们可以利用上面所提到的目标界限理论，根据你对谈判对象的预估来设置一个符合你们业务需求的上限和下限，并提供一个比较合理的锚点，进行相应的谈判策划。

在第二步中，有一个非常重要的步骤就是内部对于全新目标的统一认知和明确达成一致。很多时候，谈判是一个团队的行动方案，每个人会扮演相应的不同角色。所以，设定目标不是一个人的工作,而是一个团队一起的工作。大家把相应的背景信息进行统一沟通和权衡后,共同明确下一步的目标,这对最终的达成与否至关重要。管理上司的期望值也需要在这个步骤中得以落实,以避免你辛苦了半天,老板还觉得你的目标设置得太低。

第三步:准备筹码

什么是筹码?

筹码就是指在天平秤两边可以放上去的重量,在势均力敌的情况下,这些筹码一旦放上就会使得这个谈判的天平向本方倾斜。筹码的安排包括了对我方有利的论据的统计和整理,对对方施加压力的手段的整合,同时也包含了团队中成员角色的分配。由于谈判的过程有可能是一次,也有可能是多次,因此,建议大家可以先穷举罗列相应的筹码,按照重要性排列,并随时取用。

第四步:设置计划

谈判计划的设计包括了我们怎么放置筹码和怎么破解对方的筹码。这里大家可以去猜测对方可能会使用的筹码是哪些,并且针对性地准备好相应的应对手段。我们在第一步做的收集、分析的事件信息的六个维度之后,其实可以猜测到对方会大致使用的一些手段，因此，这个部分也是可以准备的。

除此之外，建议大家对一些重要的谈判进行足够多次的预演和排练，这样的预演和排练是有意义的，会让你们更容易把控可能出现的各种状况，验证自己准备的筹码和编排的内容的可操作性和合理性。

有读者或许会问，我的时间和资源都非常有限，上面介绍的这些方法虽然很好，但是看起来准备过程太过复杂，有没有一个更加简单和有效的工具呢？有的。业界著名的快速谈判准备七步骤，就是将谈判的准备工作简单地分为3D和七个步骤。

所谓的3D就是Define（理解环境）、Decide（确定目标）和Deliver（谈判推进），而相应的七个步骤可以参考下方的表格（表6-2）。

表6-2　快速谈判准备七步骤

3D	七步骤	具体内容
Define 理解环境	背景信息	我面临的实际情况是什么？ 我在这个谈判中希望获得什么？ 有哪些相关的问题会容易产生？
	合作关系	我希望和对方建立的关系是什么样的？ 我将来还要和他们持续地打交道吗？ 我能够如何来提升我和他们的合作关系？
	优势劣势	哪些是我可以利用的优势？ 哪些是我需要防御的劣势？

续 表

3D	七步骤	具体内容
Define 确定目标	谈判目标	什么是我的目标？（数字） 什么是我在最佳情况下可以实现的？ 什么是我在最差情况下可以接受的？
Deliver 谈判推进	相关选择	怎样可以使这个沟通变得更有成效，创造更多价值？ 哪些是次优选择，哪些是再次一些的次优选择？
	推动问题	有什么是我不知道的，我怎样才能知道这些我不知道的信息？ 我会被问到什么信息，我会怎么回答？
	会议计划	我会怎样安排这次谈判：时间、地点、人？ 我会如何变盘整个话术和策略？ 我会被问到哪些战术性问题？我当如何回答？

这个模型相对来说简单一些，但是道理相通。另外，由于模型中的问题比较直接且容易回答，对于要在短时间内准备一场商务谈判的人来说，不失为一个非常好用的工具，至少可以帮助大家迅速地理清思路。

理解双赢销售思维，让商务谈判走向成功的交易达成

目前市面上有各种谈判的书籍会教大家如何在谈判中取胜，但是本书的目标是解析在整个业务合作的达成过程中如何双赢。那么，如何让商务谈判走向成功的达成交易并获得双赢

呢？在谈判过程中，我们需要理解何为成功的谈判、如何用成本换取价值，以及有效的让步。

我们先来看看何为成功的谈判。在这里，我想参考乔治·科尔里瑟先生的《谈判桌上的艺术》一书中针对谈判的十步骤来解释这个双赢过程。这十个步骤大致是这样的：

（1）建立联结关系

（2）将人的因素从问题中移除

（3）认清自己的需求、要求，以及兴趣

（4）认清对方的需求、要求，以及兴趣

（5）运用焦点集中的对话

（6）创造一个目标，并寻求共同的目标

（7）找出选择方案，提出建议，同时做出让步

（8）为彼此的利益进行交涉

（9）达成协议

（10）以正面的态度结束或维持彼此间的关系

乔治先生本人是一位非常杰出的谈判大师，曾经在多次的人质谈判中成功解救人质，笔者在聆听他的课程的时候被他的理念所折服和影响。他曾说，即便是生死攸关的人质解救问题，在歹徒几乎疯狂和绝望的情况下，成功谈判的概率仍然有

第六章 六步法之第四步：达成交易

90%，更何况是普通的商业谈判。因此，千万不要觉得很多事情谈不成，而是需要更加深层次地理解谈判。谈判不是一些条款的拉扯，谈判说到底，是需求的解决和关系的维系。

如何来理解上面这句话呢？我们通过以下四个方面来看。

第一，在双赢销售思维之下，所有的业务都是围绕着双方之间的合作关系进行展开的。在介绍销售六步法的第一步时，笔者就提到过建立关系的重要性。因此，在这个谈判十步骤的开头和结束，乔治先生都提到了建立关系。彼此之间的关系是业务能够得以发展的第一前提，所以不论是开始还是结束，都要注意关系的维护。

第二，弱化人的因素，聚焦人的需求。可能在谈判过程中，你会觉得对方蛮不讲理，甚至不可理喻。但是透过现象看本质，其实一切外在的表现的后面是内在的需求。笔者在之前的双赢销售思维的内涵中提到过，发现需求、理解需求、满足需求是业务开始的前提和根本。所以，乔治先生提到的2～4步都是为了让我们围绕需求来沟通。当大家一起专注在解决问题，并展示出相应的同理心的时候，问题就迎刃而解了。

第三，共同的目标。目标的设定在整个谈判中的重要性是不言而喻的。任何时候，都需要有一个明确的标的。笔者经历过不少谈判，一开始的时候，大家集中在谈某个标的的采购，谈着谈着，就变成了上一次的欠账怎么解决或者另外一个业务的开发怎么落地。一次谈判，牵扯出无数的问题，而结果只能是拖沓而无效。当谈判进入到一定阶段的时候，一定要把目标开篇明义地通过双方的共同认定确认下来，这一点对于谈判到交易的结果非常重要。

第四，足够多的选择。没有选择，往往是通向无疾而终的谈判结果的死胡同，而多种方案，往往是通向变通达成合作模式的康庄大道。针对共同的目标，提出足够多的建议，同时通过有效的让步，让大家最终都能够满足自身的基本需求。这些为了目标实现而做出的努力，最终是会让大家实现双赢的。

举个在笔者看来有代表性的例子来说明一下上面四点的重要意义。有一个老师看到两个孩子为了争夺一个橘子吵架，甚至要打起来。老师过去劝他们："你们一人一半好不好？"两个孩子都说不行，而且一定要整个橘子。老师先安慰说："你们两个都别急啊，不管怎么说，大家是同学，是好朋友，不要为了这个橘子伤了和气。我们共同来想想办法怎么做到好不好？"两个孩子听老师这么说，点了点头（对标第一步，保证关系的维护）。老师进一步问其中的一位同学："你需要这个橘子做什么呀？"同学回答："我要用来榨橘子汁，必须要一个橘子才能榨出我需要的量。"老师又转而问另外一个同学："那你要这个橘子做什么呀？"同学回答："我需要整个橘子皮做橘子灯，少一块皮都不行。"（通过现象看本质，了解真正的需求）老师于是

第六章　六步法之第四步：达成交易

把两位同学叫到一起："你们两个分别为对方要做的事情做出一些让步可以吗？"（建立共同目标，并给出选择）两个同学听完对方的需求，破涕为笑，这才发现之前的争执完全没必要，一个橘子就可以实现他们的需求（达成交易）。

这才是真正的双赢。谈判说到底，是需求的解决和关系的维系。如何鉴别谈判的标准，并且树立成功谈判的认知呢？笔者从双赢销售思维出发，简单总结如下（表6-3）：

表6-3　成功/失败的谈判的衡量方式

衡量	成功的谈判	失败的谈判
目标	目标明确	目标偏离，或产生多个目标
需求解决	双方明确对方的需求，并在让步中协助解决对方的需求	双方不完全了解对方的需求，也没有在让步中支持解决
沟通方式	对事不对人	对人不对事
选择和建议	有足够多的选择和建议，进行充分的协商	选择不够充分，进入谈判的死胡同反复纠结
结果	有效的成交	无效的延迟
双赢销售的影响	正面、积极的合作关系，彼此加强了解之后的信任	负面、消极的合作关系，缺乏尊重的负面情绪

从表6-3中，读者可以发现，其实商务谈判的工作中，具有双赢销售思维是至关重要的，因为它不仅决定了是否可以引导进入成功的谈判结果和合作模式，也会直接影响到彼此之间

的合作情绪和长期关系。当然，要达成这个结果，双方需要共同付出一些努力，并用一些成本作为代价，来换取更多的价值。

接下来，我们就来谈谈如何用成本换取价值。

首先我们需要考虑以下几个问题：

- 我们拥有哪些对他们有价值的东西？
- 这些东西对其他人（尤其是他们的竞争对手）价值大吗？
- 这些东西对我们来说成本高吗？

针对这几个问题，我们将本方要达成这些目标的成本和对方可以获得的价值进行一个横向和纵向的排列，并且得到下面的这张图（图6-6）。

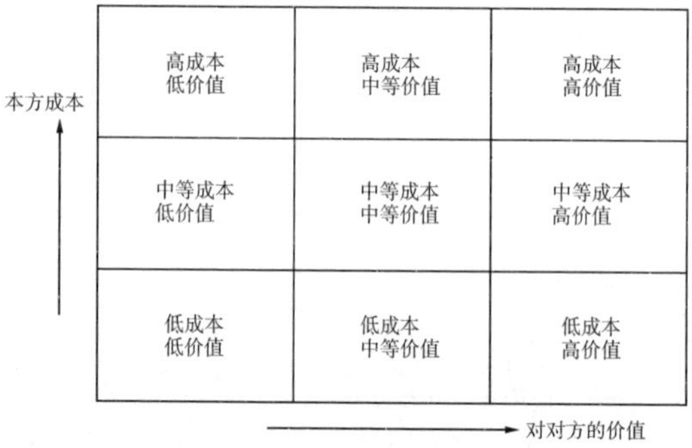

本方成本			
高	高成本 低价值	高成本 中等价值	高成本 高价值
中	中等成本 低价值	中等成本 中等价值	中等成本 高价值
低	低成本 低价值	低成本 中等价值	低成本 高价值
			对对方的价值

图6-6 谈判价值模型（本方成本和对对方价值）

第六章　六步法之第四步：达成交易

在图6-6中，笔者针对不同的区块进行了相应成本和价值的标注。其中右下角"低成本，高价值"的模块是我们最有撬动能力的筹码，也是最具有技巧性色彩的部分。而左上角"高成本，低价值"的模块是我们最不值得退让的筹码，所以是具有警戒性色彩的部分。左下角"低成本，低价值"的模块是无伤大雅的部分，所以具有比较明显的可让步色彩。而右上角"高成本，高价值"的部分往往是双方可能都会比较关注的部分，所以具有比较明显的战略性色彩。

例如在一个产品供应商和零售商的合作场景中，供应商用一些自身已经退市的产品作为赠品配合前段的营销活动，这就是"低成本，高价值"的筹码；而供应商给到零售商根本用不上的陈列道具和物料，其实对供应商来说制作成本不菲，但对零售商来说又没有价值，这就属于"高成本，低价值"的部分；有一些供应商很愿意给零售商的店员进行培训，但是店员由于更换频率较高，往往难以将这些培训内容真正落地到终端销售，因此这块就成了"低成本，低价值"；而类似会员体系的打造和联合品牌活动这样的工作则会被放入到"高成本，高价值"的模块中去。

在一个商务谈判过程中，彼此之间对于对方的需求越是了解，就越容易从这张图中找到对于你自身更有价值的让步区块，提供多种不同的筹码和方案推动谈判的最终成功。

当然，在所有的筹码中，"低成本，高价值"最值得提倡，因为这样能够让双方的利益最大化。所以，通过对对方需求的理解，我们要做的就是尽量降低我们筹码的成本，提高其对客户的价值。

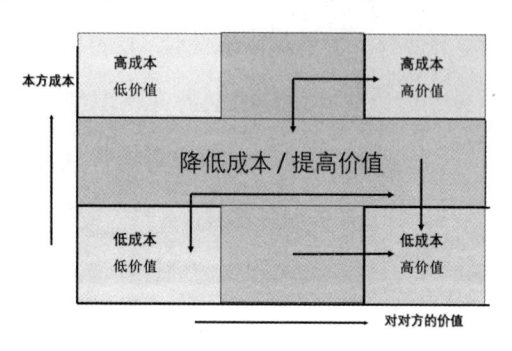

图6-7 谈判价值模型（如何优化）

图6-7中，我们可以看到，成功的箭头几乎都在朝下方或者朝右方移动。掌握了这样的规律后，你就可以在谈判过程中，尽量通过对对方需求的理解，和对自身所提供的价值的判断，来调整自己的让步策略。你的筹码给对方带去的价值越高，你的影响力就会越大，你也越有可能从对方手里换取更多的对你有价值的东西，这样就能形成互惠互利的战略合作关系。

最后，如何进行有效的让步。

别人要求你让步的时候，你也需要要求对方进行让步。让步的尺度是相对公平的尺度。如果对方要求你让步的是你不可

第六章 六步法之第四步：达成交易

能实现的退让怎么办？很简单，你也要求一个对方不可能答应的让步条件就好了。有一个很有意思的说法叫"Say No without Saying No"，意思就是当你要拒绝对方的时候，不一定要说不行，而只要在这个前面增加一个对方不可能答应的前提条件就可以了。这样既保留了彼此面子，又表达了坚定的反对。合理的价格让步也是这样，需要符合心理学的状态，也叫缓冲式阶梯让步。

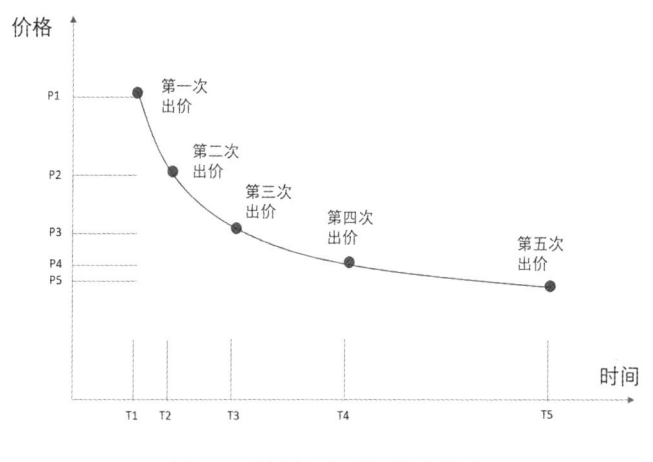

图6-8 谈判中有效的让步模式

这是一个非常重要的概念，我们通过图6-8可以来解释如何进行有效的让步。首先，第一次的出价，其实是你给到的价格锚点。

在让步的过程中，需要把握两个技巧，第一是每一次让步的时间间隔需要逐步变长,第二是每一次让步的价格下降幅度要逐步变小。为什么要这样呢?时间变长,说明你争取到这个让步的不容易,也让对方感受到这个让步获取的难度很大。而价格下降幅度变小,是说明锚点价格的正确性,以及价格继续往下的艰难度。这两个因素,都可以给到对方谈判成功的满足感和成就感。

而如果相反,你每次给到让步的时间间隔几乎没有差别,或者价格下降的幅度没有缩小,那么,要不就会让人觉得你之前的报价非常没有诚意,要不就会给人以错觉,你还有很多空间可以下探。这样不但对最终的成交没有帮助,也会让你损失更多原本可以获取的利益。

通常最后一次降价是需要在一个非常持久的谈判过程的最终点做出的,双方都会认为这样的结果是在一个非常有诚意的情况下争取并交涉所获得的。你可以是继续降低价格,或者不再下降价格,而是给一些额外的隐性福利,例如培训、返利,或者一次性的额外投入等。

总之,有效让步的意义和目的,是让双方彼此之间更容易达成一致,并更理解和认可对方为了这次合作的达成所做出的不懈努力。在这样的情况下,一次交易的达成将是对未来长期合作的非常好的起点和铺垫。

第六章 六步法之第四步：达成交易

小结

六步法的第四步基本介绍完了。在双赢销售思维体系中实现的成功的商务谈判，其关键点就是针对需求，赋以价值。所以，在达成交易的过程中，不管使用什么样的谈判方式，其中的精髓，就是如何把握对方的需求，以及利用自身的优势，通过让步和交涉的方式形成一个正向的合作模式。

从0到1的过程不容易，而正因为这种不容易，才更需要我们将业务的本质建立在需求的满足之上，而不是一种舍本逐末的价格谈判。达成交易是业务未来长期发展的第一步，非常不容易。而正因为这样的不易，才更需要我们用双赢销售思维、用切合实际且符合双方利益的方式进行有效沟通，并且通过彼此的让步和努力让对方感受到增值的过程，这样的达成交易将会为彼此长期的合作开启一扇美好的大门！

本章是建立合作关系的关键一步，在建立了合作关系之后，将如何发展这样的合作关系呢？在下一章，我们将针对这一章节没有谈到的目标设置和价值互换增值，进行更加详细的解释。

学习双赢销售思维，达成交易小技巧

1. 冰山理论告诉我们，信息的不对称最容易造成谈判中的角色定位差异。所以，首先就要学会聆听和沟通，避免对信息的理解偏差、忽视、误会以及笼统理解。

2. 锚点的设计对于一个谈判最终成交价格的形成至关重要。想好你的锚点在哪里，以及怎样让对方坚信你说的锚点是合理的？这些对于一个成功的谈判是非常关键的。

3. 每场成功的谈判背后，都是精心的准备。收集信息、设立目标、准备筹码和设置计划是准备中的必要部分，这些准备不仅要对事，也要对人。

4. 谈判过程中，要以事件本身的利益最大化为出发点。围绕着需求解决问题，才是达成交易的关键。

5. 将你的筹码按照成本和价值进行有效的分类，并且改良和改进。在双赢销售中，所有的交涉和让步都是双方的，都是相互的。而整个过程的结果将是彼此更大的收益和更加紧密的合作关系。

练习双赢销售思维，现在就应用谈判技巧

1. 参考附图，针对你目前所面临的谈判，做一个快速谈判3D准备表。

七步骤	具体内容	你准备的方案
背景信息	"我面临的实际情况是什么？" "我在这个谈判中希望获得什么？" "有哪些相关的问题会容易产生？"	
合作关系	"我希望和对方建立的关系是什么样的？" "我将来还要和他们持续地打交道吗？" "我能够如何来提升我和他们的合作关系？"	
优势劣势	"哪些是我可以利用的优势？" "哪些是我需要防御的劣势？"	
谈判目标	"什么是我的目标？"（数字） "什么是我在最佳情况下可以实现的？" "什么是我在最差情况下可以接受的？"	
相关选择	"怎样可以使这个沟通变得更有成效，创造更多价值？" "哪些是次优选择，哪些是再次一些的次优选择"	
推动问题	"有什么是我不知道的？" "我怎样才能知道这些我不知道的信息？" "我会被问到什么信息，我会怎么回答？"	
会议计划	"我会怎样安排这次谈判：时间、地点、人？" "我会如何编排整个话术和策略？" "我会被问到哪些技术性问题？我当如何回答？"	

2. 与你的伙伴一起互动，考虑一下你的筹码价值。

第一步：确定你所拥有的筹码，以及它们对对方的价值，并将它们按照九宫格的方法，放置到相应的格子内；

第二步：让你的伙伴作为对方来衡量和评价你的筹码，并且根据他所认为的价值来进行相应的调整；

第三步：讨论，为什么你们之间的认定会有不同？哪些问题是你们在之前的设计中没有考虑到的筹码？

第七章

六步法之第五步：提升双赢

双赢销售思维的第二个齿轮是从交易型到关系型合作的价值共创。本章从联合生意计划的角度入手，解析关系型合作模式的本质和设计方法，并结合不同层次和不同场景，让读者理解提升双赢过程给合作双方带去的真正价值。

六步法的第五步是质的转变。销售人员从简单的业务交易的推动者变成业务发展的推动者。可不要小看这个简单的转变，它其实说的就是从0到1和从1到10的变化。

在双赢销售思维的模式中，我们谈到了非常重要的第二条原则，也就是：业务关系的发展源于价值共创，有效的合作关系至关重要。

几乎所有的业务合作都有双赢的可能，但前提一定是建立在共同利益之上。假设你和客户关注的只有你们自身的利益，你多赚了100元，对方必然多花了100元，那么你们之间非常难以达成双赢的结果。而假如你们的合作可以为你们的服务对象带去更大的价值，那么你和客户之间就从彼此的竞争关系变成了合作关系。

举个例子来说,如果你是产品的生产商,而你的客户是产品的销售商,那么你们共同的客户就是产品的使用方。又譬如说,你是美团这样的交易平台,而你的客户是消费者,那么客户如果可以为你的平台增加更多的内容,例如评价和互动,这样平台的活跃度就会进一步被提升,而平台的活跃度提升会直接影响平台上的商家,这时商家就成了美团这样的平台和消费者共同为之创造价值的第三方,而美团和消费者则成了合作伙伴。事实上,不论你和你的客户之间的交易如何达成,最终能决定你们彼此利益的往往是第三方。因此,对你来说,最重要的并不是你们之间的利益切割问题,而是怎样让你们之间的价值创造通过第三方的认可而增值。

图7-1 双赢销售思维飞轮图

在销售六步法中，达成交易之后的提升双赢就是这样一个价值增值的过程。达成交易是图7-1中最上面的第一个齿轮，代表业务开始启动，而提升双赢则是第二个齿轮，它随着第一个齿轮的旋转而被带动起来。由此，合作双方也正式进入交易型合作。那么，如何才能够从交易型到关系型的价值共创呢？

提升双赢的设计模板：联合生意计划

过去这些年，有一个叫"JBP"的名词在消费品行业中被不断提及，甚至成为沃尔玛、天猫、京东这样的大零售平台每年与核心品牌厂家必须沟通的核心流程和考核目标，这个JBP其实就是一个非常典型的提升双赢的合作路径，其应用场景就是以品牌商和零售商为核心的B2B2C[①]的合作体系。

JBP是英文Joint Business Planning的缩写，它是业务合作体系中，生产商、经销商、零售商和其他服务商在业务目标达成一致的前提下，双方通过合作关系共同制订一定时期内的营销活动计划并予以实施，从而提高费用投入的效率并为消费者提

---

① B2B2C是一种电子商务类型的网络购物商业模式，B是Business的简称，C是Consumer的简称，第一个B指的是商品或服务的供应商，第二个B指的是从事电子商务的企业，C则是表示消费者。

第七章 六步法之第五步：提升双赢

供更好的服务。联合生意计划（JBP）的起点就是双赢合作，终点就是消费者的满意度和业务效率的提升。这是一个非常典型的业务合作场景，我们也可以把它看作关系型合作的双赢方案的基础模型。我们来看一下，在实际的业务场景中，JBP是怎样帮助本来有利益冲突关系的品牌方和零售方实现合作一致性的。

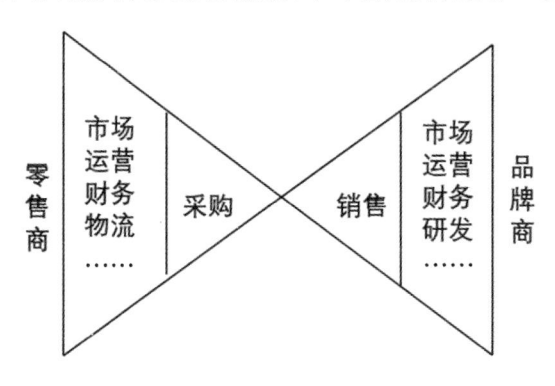

图7-2 零售商与品牌商的传统业务对接模式

图7-2所展示的就是传统业务对接模式中的供零合作关系，我们也通常将其称为蝴蝶结式的合作关系，合作的双方以销售和采购作为单一的对接窗口，进行业务各个维度的沟通与合作。而双方的市场、运营、研发等团队则在其后支持前端的业务部门。

而图7-3中展示的则是现在更为普遍和广泛使用的JBP式的合作关系，供零双方共同为消费者带去价值，并获得投入产出的价值最大化。

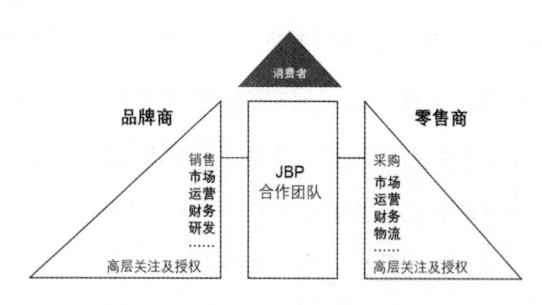

图7-3 JBP框架下的业务对接模式

在JBP框架下的业务合作关系中，采购团队和销售团队的聚焦点都不在对方身上，而是在他们共同服务的第三方——消费者身上。相比传统模式，品牌商和零售商内部组织的这两个三角形也转了过来，从传统模式下的对立方式转变为关系型合作体系下的平等关系。在很多这样的合作中，双方的合作会引入企业最高层的关注和相关授权，并成立专项合作小组，让双方团队中相关的后端人员进入到前端的合作体系，例如市场、运营、研发、物流等。这样，双方形成了背靠背的关系，并且就像两个支点一样，共同撑起了提供最佳消费体验和获取更大市场份额的合作体系。

由此可见，JBP的基础适用范围是产业链上下游的合作伙伴，例如平台与品牌之间、供应商与零售商之间、设计商和制

第七章 六步法之第五步：提升双赢

造商之间，其实都是可以使用JBP这样的一个共同针对下游顾客或者消费者的提升双赢模式，从而对现有业务模式进行相应的改造和提升。这样做的目的只有一个，就是让合作双方的价值不是在上下游之间进行迁移，而是共同合作创造出新的价值，从而实现双赢销售。

那么，如何来打造一个属于零售商和品牌商之间的JBP呢？

第一步是确定合作方向和合作准备度。笔者在上一章结束的部分提到了如何优化投入获得更高的产出。其实JBP就是一种很典型的战略性投入，属于高投入、高回报的模块。对于合作双方来说，可能都需要增加合作范畴以外的很多资源，去给到对方，同时双方通过合作和营销活动的落地，给消费者提供更多的价值。因此，在合作双方之间，彼此的认可和信任是最基本的起步点，而正向积极的合作关系也是JBP的重要合作准备度指标之一。当双方在彼此的合作中看到了更大的可能性，通过资源的投入共同创造出把饼做大的机会，并且共同享受把饼做大所带来的好处的时候，这样的合作才能够启动。

第二步是购物者研究和洞察。购物者/消费者就是品牌商和零售商共同服务的人，也是从以终为始的角度去看，最终生意发展的根本驱动力。只有赢得购物者，才能赢得最终的市场份额。因此，购物者/消费者的深入研究成为了品牌商和零售商共同的目标。例如：

193

- 品牌商有它的消费者群体的画像，而零售商也有它的消费者群体的画像，两者之间的差别是什么？重合点是什么？
- 品牌商和零售商共同的赢得消费者认可的难点和痛点是什么？
- 与目标人群互动的方式有哪些？
- 零售商相较于自身的消费人群结构和发展目标，怎样有策略地去定向发展自己需要的标签化人群？
- 有什么是只有双方合作才能推动起来的解决消费者痛点的方式？

这些问题的答案可以带给双方一个更加清晰的机会点的描述，因为有这么多的痛点和需求，才有把生意共同做大的可能性。

第三步是竞争力分析。其实就是针对品牌/产品和零售平台自身的SWOT①的竞争分析，找到各自的优势和机会点，同时将两者的优势和机会点进行匹配和对接，从优势和优势的交集找到最大的合作优势，同时从机会和机会的交集中找到最大的合作标的。这个SWOT分析其实很多企业都做，但建议合作双方

---

① S（Strengths）是优势、W（Weaknesses）是劣势、O（Opportunities）是机会、T（Threats）是威胁。

真正地把双方的Strength（优势）做一个交叉比较分析，从而找到最大的共同优势的交集，这将是彼此合作之后的明星（关键）优势。对于机会项也是一样，同样做一个交叉比较分析，这样便于合作内容的明确和聚焦。

第四步是战略规划和财务测算。在找到合作目标和竞争优势之后，双方就需要相应的财务测算了。这一步的主要任务是如何在有效的投入中找到最大化的投入产出比，并且基于一些创新的理念和框架，制定双方合作的工作重心和战略方针。很多企业将其称之为商业规划，找到一条从现在的现状到未来的理想状态之间的发展路径。当然，这中间有很多经验和技巧，我们待会在相应的案例中会有所涉及。

第五步是行动计划的策划。针对明确的财务目标（不论是销售额还是投入的费用），开展详细的行动方案的策划和分解。这其中既包括如何将新增的销售额进行模块化的分解并量化，找到每一个增量的来源和可信度，也包括将每一块要投入的项目进行明确的测算，找到最佳的配置方式和明确的投入先后时间。如果目标是金字塔，那么这个部分就是找到将金字塔垒起来的每一块石头以及将石头垒上去的路径。

第六步是确定相应的核心人员和职责。这一点非常重要，而且并不容易。因为在合作项目中，有可能会有不同部门的人员加入一起推进项目，而这些人彼此之间又没有明确的汇报关系，因此项目组成员之间的权责清晰度和彼此的信任度对项目成功有很大的影响。在组织计划中，人员的安排是成败的关键，而且后面你们会看到，其实不仅是项目内成员，双方企业的大量高层人员都会成为项目的参与者和贡献者。由于JBP往往是一个年复一年持续的项目，因此，双方的人员延续性和彼此的了解度也是成功的要素之一。

第七步是高质量的执行。包括推进双方高层对话（Top to Top Meeting），推进明确的沟通方案的对接和确认（每周、每月、每季度的工作内容和相关会议安排），制定清晰的积分卡体系来定期跟踪项目进度，建立新的合作理念和在全员中宣贯整个项目概念并打造共识。

以上这些，就是联合生意计划会涉及到的一些基础步骤，笔者把它汇总在一张图内（图7-4）。

第七章 六步法之第五步：提升双赢

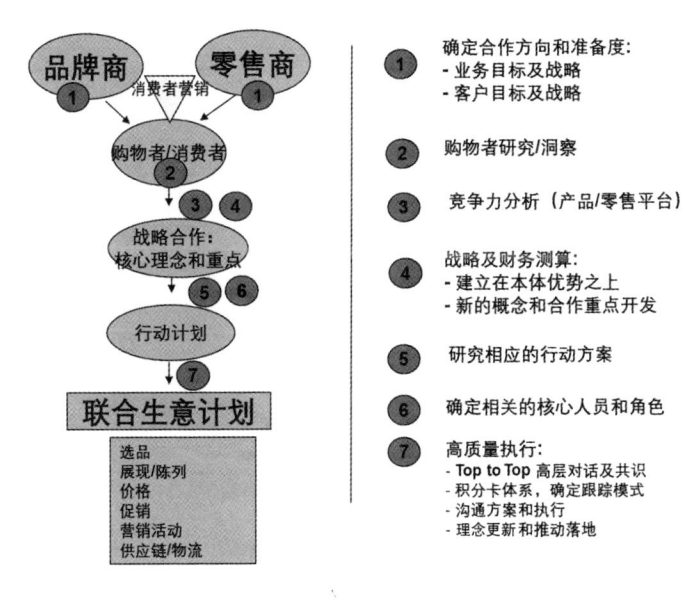

图7-4 联合生意计划（JBP）工作框架

JBP的以上七个步骤看起来还是有点儿抽象，而且其中有很多概念属于专业知识，理解起来可能需要一定的专业背景。因此，不妨来看看笔者亲身经历的案例，希望对大家理解这个模式能够有更加直接的帮助。

2006—2008年的时候，笔者在宝洁公司工作，当时我们和英国最大的零售集团乐购（TESCO）进行跨国间的战略合作，笔者所在的团队就是跟乐购中国业务进行对接的销售部。

乐购是英国的一家老牌的零售商，成立于1932年，在国际零售品牌中曾经位列三强之一。2004年,他们通过收购顶新集团50%的股份进入中国。当时在中国乐购的门店不到50家,分布在近18个城市,且都是当地比较有竞争力的大卖场。那是一个大卖场称霸的年代,作为一站式购物的典型代表,乐购的战略就是不断地扩张,成为零售市场份额最高的渠道商。当时乐购的CEO陶迩康(Ken Towle)放话:要在5年内开店200家,匹敌当时国内大卖场的两强——沃尔玛和家乐福。

正是在这样的一个背景下,乐购找到了宝洁这样的全球合作伙伴。宝洁公司一直都在世界500强企业中位列前茅,自1988年进入中国,到2006年时已经在中国深耕了18年,从一个合资企业开始,逐渐发展成中国市场上当仁不让的日化领军企业。从洗发水品类开始,拓展到洗化、清洁、口腔、护肤、婴儿、妇女健康及卫生等众多的细分品类,而且几乎在每一个涉足的品类都做到了牢牢占据市场份额第一的位置。

在几次高层会晤之后,双方都希望在传统的合作中增加更多创新的因素,推动全方位合作体系的打造,以求得更全面、更迅速的业务发展,并且在发展过程中打造运营体系的能力。一个符合双方共同发展目标和发展利益的战略性计划就慢慢呈现在大家眼前了。乐购非常需要宝洁在特殊产品研发、推广和消费者互动方面加强对乐购的投入,帮助它扩大在零售行业的发展优势,而宝洁也非常希望借助和乐购在全球及中国的合作

第七章 六步法之第五步：提升双赢

承诺，扩大其在日化消费品领域的绝对领导地位，并借助乐购的成功进一步扩大其产品和品牌的市场份额。

不难发现，JBP的第一步（确定合作方向和合作准备度）就是在这样的背景下达成了高度的一致。双方制定了共同的业务发展目标：3年增长3倍，将宝洁全系列产品在乐购全国的业务体量推动增长到8个亿人民币以上的规模，并让宝洁担当整个乐购中国门店的日化增长品类舰长角色，参与设计和推动业务发展计划。双方高层进行了几次洽谈，都对这个合作表示了极大的兴趣和共同推进的意愿，一个宏大的合作计划就此拉开帷幕。

第二步，在达成合作意向以及制定了各自目标后，双方的团队开始迅速进入到消费者/购物者研究的步骤。因为只有理解共同的客户，并带动客户的增长和消费的增长，双方的业绩目标才有可能实现。当时，宝洁专门安排了消费者市场研究的团队，和乐购的市场部一起进行了全面的消费者行为分析，在若干次详细的实地考察访谈和后台数据的整理归纳建模之后，我们发现乐购的消费者群体存在着业务发展的三大机会点：第一，拉升高潜力消费者的消费升级，提高客单价。第二，在核心消费群体的投入上，富裕家庭是最值得深度引导的群体，加强乐购在这些群体中的购物消费占比，提升客群质量。第三，提升消费者购物体验，让乐购这个品牌深入人心并成为最大的差异化优势，最终提高口碑和复购率。

第三步，在这样的消费者洞察的影响下，宝洁各个日化品类的市场和销售人员开始详细分析并拆解自身的竞争优势，以寻找竞争力分析之后的发展机会。业务团队通过研究发现：第一，乐购虽然店铺绝对数量并不算大，但是在上海、沈阳这样的核心城市，乐购稳居市场第一，因此可以在局部首先实现突破。第二，乐购的消费者忠诚度非常高，而且通过数据分析（当时，乐购会员卡背后的运营服务商邓韩贝数据公司的体系非常先进）实现了精细化的营销运营。第三，乐购的很多营销模式深入人心，例如五星体系（乐购内部对上市新品的等级评分制度，五星最高）的上市新品推广模式和超级购物（Starbuy）这样的促销方法，都是其运营体系的优势所在。

第四步，战略和财务测算。结合乐购的优势和宝洁公司的品类优势，一个比较清晰的战略落地计划就呼之欲出了。这时，我们也及时地引入了双方的财务支持部门，对未来三年的人员投入、费用投入和特殊资源都进行了大致的相应测算，明确了投入的力度和未来战略性合作的财务目标。

第五步（行动计划的策划）的行动计划是非常细致且可量化的。宝洁旗下每个日化品类的角色都被进行了明确的定义，同时我们将每个品类中的单品进行了详细分类，并针对其中每个类别制订相应的行动计划。在下方的图7-5中，根据每个产品在相应品类中的销售额贡献的高低和毛利率贡献的高低分成了六个模块，每个模块中的商品由于其属性还被安上了一个名字。比如毛利率和销售额都高的明星单品就被称之为"营业旗舰"，而两个指标都低的单品则被称为"待救伤残"，如果不及时改变策略就容易成为下一个被采购部删除淘汰的单品。

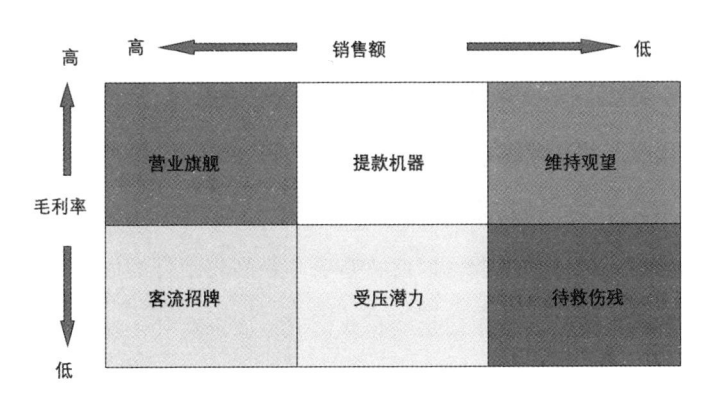

	高 ← 销售额 → 低	
营业旗舰	提款机器	维持观望
客流招牌	受压潜力	待救伤残

（纵轴：毛利率 高→低）

图7-5 产品品类角色定位框架

例如，宝洁当时的品类中，玉兰油所在护肤品类由于毛利率高、销售额较高，成了"提款机器"，汰渍所在的洗衣粉品类则由于毛利率低、销售额尚可，进入"受压潜力"（潜力的意思是还有较大提升空间）；而在每个品类中，不管你有多少个单品，都可以按照同样的逻辑进行单品角色分布的分析。

有意思的是，当笔者作为品牌商的销售人员打开客户发给我的表格时，惊奇地发展，以前求之不得的整体品类的资料，全部在我面前了。我认为，这就是共同目标所驱动的双赢合作带来的好处。于是，我们与乐购的采购和运营人员将每个品类里面的不同单品同样按照这个模型进行了产品的定位分析，将"待救伤残"的单品首先列入清库存的目标，而将"营业旗舰""提款机器"和"客流招牌"这三个模块的单品放入我们的重点合作列表中。

当然，行动计划不只在单品策略这一块，而是从增量的角度出发，将每年的潜在增长分解成为更加细化的指标。从乐购的角度来说，新店是绝对的增量来源，从宝洁的角度来说，新品是绝对的增量来源。因此将新店和新品相结合的方案就成为我们行动计划的重中之重。在我们的年度重点合作计划中，宝洁旗下每个品类都有五星级上市新品的计划，而乐购每个区域也都有新店开业计划，并且结合会员营销模式、大促营销节点等做了与新店开业同步节奏的推广方案。以护肤品类为例，当时我们制定了"护肤尊贵享受，尽在TESCO乐购"的品类发展策略，并从购物前、购物中和购物后这三个维度设计了大量的消费者互动环节，提升消费者消费体验。如购物前，利用会员积分服务唤醒、派样及发放优惠券，当季当月的促销专属活动设计和广告推送等带动消费热情。在购物中环节，定制促销套装（仅在乐购有售）、以周为节点的中型促销和路演活动，还有导购的竞争机制，都能够确保持续的消费热情和销量提升。而在购物后，也不忘利用免费积分、免费课程、老客带新客活动，

第七章　六步法之第五步：提升双赢

以及空瓶换购等特殊机制带动二次消费。

有意思的是，我们的行动计划不仅有开源，还有节流。当时大卖场有一个核心的痛点，就是偷盗现象非常普遍。尤其是护肤品类，由于单品单价高、体积小，往往会成为被顺手牵羊的重点对象。因此，我们在JBP中还增加了防盗项目的提案，为每个高单价的护肤品定制了一件"防盗服"，其实就是一个透明的盒子，可以打上防盗扣，当这些顺手牵羊的人带着它们离开监控区的时候，就会发出警报。更有意思的事，这个"防盗服"还能被重复利用，因此大幅度减少了偷盗率，并且还节约了相应的管理成本。

第六个步骤（确定相应的核心人员和职责）同样是不可或缺的。每个具体行动计划的背后，都被量化了数字，同时也被安排了相应的负责人。由于该合作是双方最高层达成的一致行动计划，因此该项目上的每一个人都不敢怠慢，甚至于这个项目的成败也部分决定了项目内人员的职业发展速度和机遇。

整体项目组真的可以说是豪华阵容。不仅有我们这些业务运营直接关联的人员，也包括了双方中国区的高层管理人员，甚至还有不少支持部门或者外部的高级咨询顾问共同参与。由于指标真的非常具有挑战性，因此大家都几乎将各自最好的资源投入进来，这也在客观上保证了整体项目被推动起来能有足够动力。

第七个步骤，也就是高质量的执行环节，是最琐碎最难以坚持的部分。在整个合作计划的推进过程中，我们每周都有项目小组会议，每月都有品类总结和月度行动计划会议，积分卡体系是我们依赖的标准和行动指针，不仅我们看，高层管理人员也经常看。所谓的积分卡就是双方共同把彼此认为最重要的有价值的指标放在一个统计表上，例如销售额、增长率、新品贡献率、客户回购率、购物客单价等。

　　这里，PDCA成了我们的"家常便饭"。PDCA［Plan（计划），Do（执行），Check（对标），Adjust（调整）］就是一个行动过程的循环体系。每个方案在计划的时候都被认为是最佳方案，但是做起来才发现问题多多，每次促销方案执行之后的复盘是我们的整理工作，而之后的调整方案又会使得我们在原有方案的基础上进步一个大台阶。于是乎，我们不断地自己革自己的命，整个实施过程成为双方团队最佳的练兵场，在上面不断提升合作效率，也锻炼了自己的业务能力。

　　在合作的过程中，我们也逐步理解了将自己的脚放到别人的鞋子里走路的感觉，以前觉得零售商的采购工作很容易做，只要会谈判、会要钱就很厉害，但当我们真的把他们的KPI背起来的时候才发现原来真的很不容易，不仅要抓销售目标，还要抓毛利目标。彼此之间的理解和认同，奠定了最好的协作基础。双方方案在共同的推动下被迅速地优化并发展，获得了不

第七章 六步法之第五步：提升双赢

小的阶段性的成功。

以上就是当年在快消圈小有名气的"乐购—宝洁震慑性增长计划"的背景和合作方案内容，这个合作从设计开始就遵循了双赢销售思维的基本原理，也就是基于需求和关系型合作的价值创造。业务发展固然是所有企业的本质需求，但业务发展的前提是服务好在零售店里购买品牌产品的购物者/消费者。只有让双方的消费者愿意来得更多，买得更多，才能够让合作双方享受到更大的蛋糕。于是，双方不再争夺采购过程中的一城一池，而是把眼光和格局放到了更广阔的增长市场，通过数据分析、业务模式的革新和行动方案的细化，大大增加合作的投入，并获得了高投入高回报的业务结果。虽然乐购也跟很多到中国发展的外资零售企业一样，经历了在中国发展的水土不服，于十年后也就是2013年出售了其80%的中国区公司的股份给华润，并于2020年彻底退出了中国市场，但这个有别于普通合作模式的JBP却被很多业界人士进一步参考并发扬光大。

联合生意计划的进阶：从战术到战略

联合生意计划从"形"上来说，就是合作双方从业务交易的两边转移到业务合作的同一边，共同合作为目标客户创造价值；而从"神"上来说，是从价值链上所处的角色出发，深刻理解自身商业模式生存和发展的局限性，并结合上下游的优势和彼此的发展需求，找到共同合作的切入点并形成合力，一起发展，享受成果。

因此，JBP不是一个简单的战术，而其实应该是业务发展到一定阶段之后的战略。为什么要将联合生意计划理解为从战术到战略的进阶呢？因为，战术是短期可变的，而战略则是长期需要持守的。如果我们将联合生意计划看作是企业的发展战略，那么我们就需要从以下这几个方面来看待它对于双赢销售体系的关键推动作用。联合生意计划的进阶，包括了合作模式的变化、合作维度的变化，还有合作流程的变化。

首先是合作模式的进阶，就是从交易型合作转向战略型合作的过程（图7-6）。

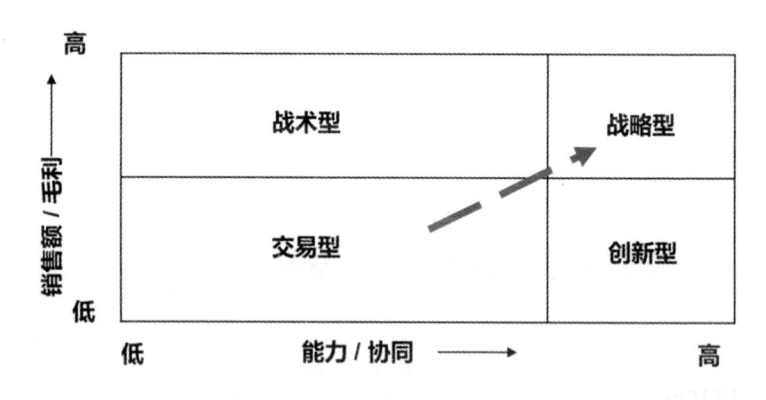

图7-6 联合生意计划中合作模式的进阶

第七章 六步法之第五步：提升双赢

所谓交易型合作，是指双方拥有明确的标的、交付物和代偿价值的合作体系。而在联合生意计划中，随着合作规模的扩大（纵轴）以及合作能力的提高（横轴），合作双方之间交易的模式也会发生转变。

往往，企业和企业之间的合作都是从左下角开始的。在生意体量较小且协同能力较差的时候，合作模式更多的是交易型模式。

同样是协同能力差，但生意体量大的情况下，合作模式就会转为战术型合作。这种情况下业务对双方的影响很大，甚至有时候是不得不合作（因为规模太大），但同时双方又对风险多加防范，在信息沟通时相对保密。

当双方协同能力很高（合作意愿度深），但是销售额/毛利却比较低的时候，这样的合作模式会偏向创新型合作模式。双方的信息都愿意敞开给对方且保持了相互之间的信息对称，目标是在原来的模式上增加创新的元素，争取跑出新的赛道，通过创新来改变现状，创造价值。

最后，是右上角的战略型合作模式。此时，双方的合作规模和能力都达到比较高的程度。一个正向并积极的合作基础推动双方以一个共同的远景目标来进行相应的投入，并通过工作内容的协同和信息的共享，结合双方各自的优势来实现真正意义上的双赢合作。

合作模式是随着双方合作的业务体量的大小和合作敞开度（协同能力）的高低来进行变化，这是联合生意计划作为战略进阶的第一个维度。从这个维度来看，联合生意计划并不是所有合作都适用，但是利用双赢销售思维推动业务体系向上提升的过程中，联合生意计划是真正帮助合作双方实现战略型合作的重要手段。

联合生意计划之于战略的第二个进阶，就是合作维度的变化。笔者还是以零售商和品牌商的合作模式为例，合作的双方突破了传统的销售和采购部门之间的对接，进而将运营体系和会员体系等纳入到这个全面合作体系中来（图7-7）。

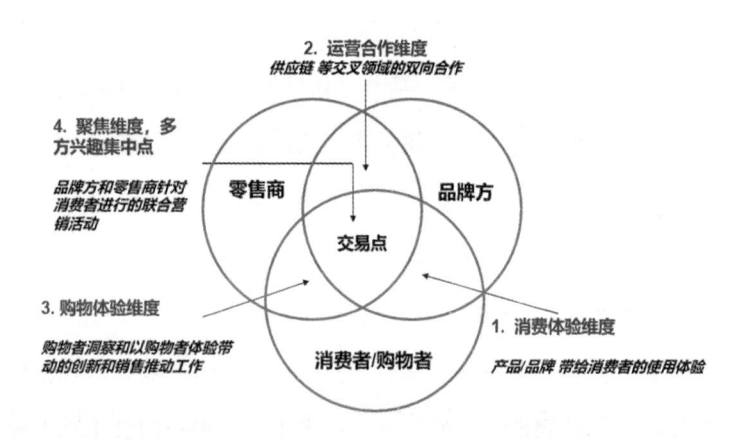

图7-7 联合生意计划中合作维度的进阶

在品牌方、零售商和购物者的三角关系中，传统意义上的

第七章　六步法之第五步：提升双赢

采销合作交集就是在"2"这个维度上的合作，无非就是买货卖货而已。在进阶版的联合生意计划中，零售商和品牌方都因为彼此的开放性和合作意愿，变成了共同为消费者提供更好的产品和服务的合作关系。联合生意计划中的合作维度也从传统的采销维度而扩展到消费体验维度、购物体验维度，还有三方重叠的交易点维度。

笔者通过几个例子帮助大家理解这几个不同的合作维度。譬如品牌会员的消费积分，原来消费者只有在品牌独立专柜才能用到，而现在在线上线下的零售平台或许都可以用到（例如线上天猫旗舰店和线下部分零售商店内专柜），这种会员积分体系的打通无疑给了消费者更大的便利，这就是在"1"消费体验维度的合作；譬如购物者原来在零售店内只能根据零售店的陈列和促销选购商品，现在很多品牌方在零售店内也设置了自己的品牌推广顾问和促销人员，这样购物者不论是试用还是咨询，都在零售现场获得了直接的服务，这就是"3"购物体验维度的合作；又譬如品牌方根据消费者的购物特点，在开市客（COSTCO）和山姆会员店这样的渠道为消费者定制了特供装产品，这样的产品不论是包装规模还是性价比优势都是其他渠道没有的，而购物者通过办理零售店的会员卡就可以享受到进入这个渠道并购买这个商品的权利，这就是在"4"——品牌商、零售商、购物者三者聚焦的交易点的创新。

总之，合作维度的进阶源自于合作空间的变化。在双赢合作体系所推动的联合生意计划体系中，大家所处的空间不同了，看到的视野不同了，合作的维度自然就增加了。

联合生意计划之于战略的第三个进阶，就是合作流程的改变。传统的合作流程是客户提出需求，销售满足需求。我们以品牌方与零售商的合作流程为例，传统合作流程通常就是品牌方进行产品研发，推动新产品上市，然后在上市计划中，辅之以广告宣传推动方案以及零售促销和陈列方案。而在进阶版中，合作流程的起点就变了。

进阶版中，流程的第一块是"调研体系"。通过对消费者的全面研究和调查，了解这个零售客户的消费群体的独特需求（例如去开市客购物的大部分都是家庭集中采买的消费者，对品质要求高，且单次购物量大），进而共同推动业务双赢方案的设计和推进（为开市客定制一款大包装且性价比更高的单品）。同时，流程的第二步会是对于零售商竞争格局的研究（而零售商所要做的就是对于品牌方竞争格局的研究）——谁是它的竞争对手？在市场中他们哪里做得比竞争对手好？哪里做得不如竞争对手好？哪些因素需要被进一步加强并成为零售商业务发展的核心驱动因素？笔者相信，在做完这两个系统性的流程工作后，再次回到合作方案的设计时，大家的出发点和谈判重点都会发生本质性的变化。

第七章 六步法之第五步：提升双赢

流程的第二块是"财务目标计划"。联合生意计划是战略性的合作，自然需要选择做什么，不做什么。并且需要将远期合作愿景和短期合作重点进行结构化梳理，然后通过财务数字来进行相关KPI的落地测算。由于战略性的联合生意计划对彼此双方的业务影响非常大，甚至有时候会直接影响到股价和企业战略，因此在这个流程中，也会牵涉到更多的高层关注和参与，直接引导项目朝企业发展的核心目标推进。

流程的第三块是"行动方案的落地"。战略性的联合生意计划对流程的要求更加体系化，需要针对现状进行更加细化的数据分析和行动拆解，进而发展成为全方位的业务执行计划。包括产品引入方面的增量实现计划（新品上市流程和上市方案），服务提升方面的增量实现计划（产品陈列、空间管理以及会员营销体系的方案），还有营销体系方面的增量实现计划（营销节奏点、促销配合管理模式等）。笔者用简单的图表框架将整体流程展示如下（图7-8）：

品牌方与零售商开展双赢战略合作关键流程

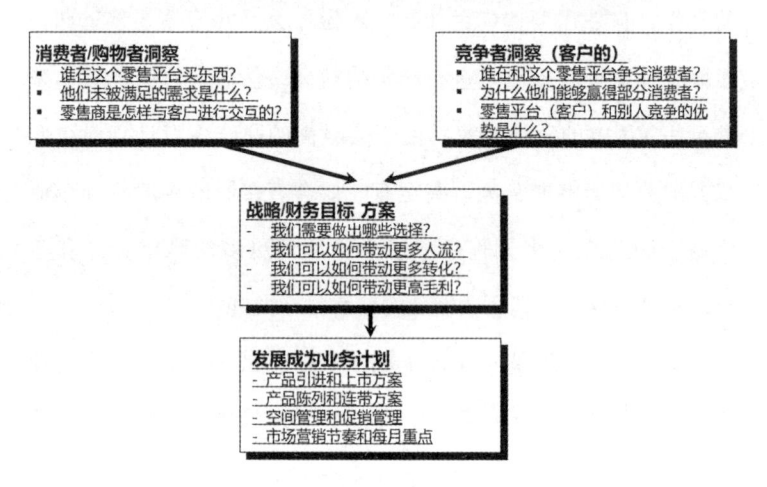

消费者/购物者洞察
- 谁在这个零售平台买东西？
- 他们未被满足的需求是什么？
- 零售商是怎样与客户进行交互的？

竞争者洞察（客户的）
- 谁在和这个零售平台争夺消费者？
- 为什么他们能够赢得部分消费者？
- 零售平台（客户）和别人竞争的优势是什么？

战略/财务目标 方案
- 我们需要做出哪些选择？
- 我们可以如何带动更多人流？
- 我们可以如何带动更多转化？
- 我们可以如何带动更高毛利？

发展成为业务计划
- 产品引进和上市方案
- 产品陈列和连带方案
- 空间管理和促销管理
- 市场营销节奏和每月重点

图7-8　联合生意计划中合作流程的进阶

关于联合生意计划之于战略的重要推动作用，笔者觉得非常值得一提的就是金宝汤与沃尔玛的全球战略合作方案。

沃尔玛是全球排名第一的零售商，一直以来在全球消费者心中占据着不可取代的位置。2020年沃尔玛全球财报显示其营收达到5240亿美元，依然在全球500强公司中占据第一的宝座。而金宝汤是全球知名的食品公司，2020年全球营收超过90亿美元，在美国500强企业中排名335位，产品业务覆盖西式汤品、饼干、饮料等。从一开始，两家公司就因为共同的消费者走到了一起，业务合作规模由小及大，合作层次也步步深入，

第七章 六步法之第五步：提升双赢

真正地实现了双赢方案的进阶。

首先是合作模式的进阶。从交易型合作走到战略型合作，双方的合作重心走向了全面的协同和大规模的合作。不仅在美国是这样，在全球也是这样。一个是为消费者提供产品的品牌商，一个是为消费者提供购物便利的零售商，他们之间的联合生意计划做了很多年，以至于发展出了一条非常健全而且可作为全球其他合作企业参考的模板之路。两家公司在全球范围内都建立了全面互信的合作伙伴关系，他们之间的合作深度从他们的合作愿景就可见一斑：帮助消费者活得更好，活得更长。

其次，就是合作维度的进阶。在图7-9中，我们会看到两家企业各自从自身的角度出发，找到了自身的核心发展策略和优势，并从中找到了合作的战略聚焦点，那就是——注重为不同的社区提供不同的服务，从健康、食品入手开展合作，推广新理念、推动可持续发展，并注重对雇员的互动和激励。

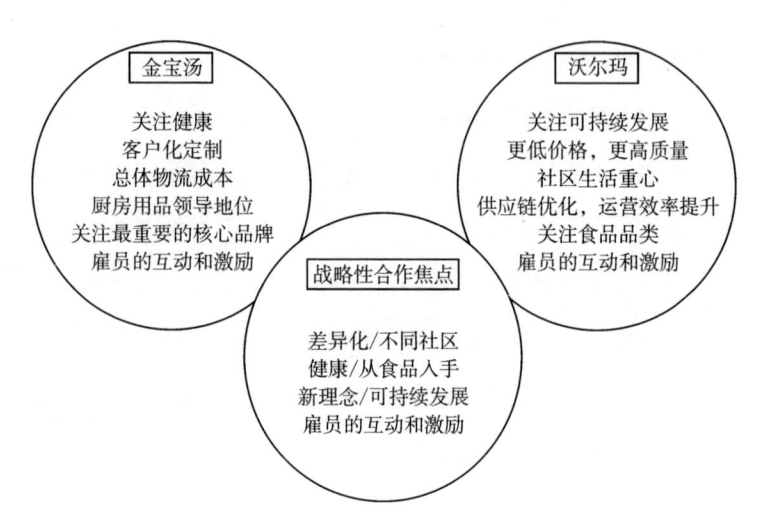

```
         金宝汤                              沃尔玛
    关注健康                          关注可持续发展
    客户化定制                        更低价格,更高质量
    总体物流成本                      社区生活重心
    厨房用品领导地位                  供应链优化,运营效率提升
    关注最重要的核心品牌              关注食品品类
    雇员的互动和激励                  雇员的互动和激励

              战略性合作焦点

           差异化/不同社区
           健康/从食品入手
           新理念/可持续发展
           雇员的互动和激励
```

图 7-9　沃尔玛与金宝汤合作维度的进阶①

过去几十年,沃尔玛和金宝汤在这几个维度上持续不断地进行努力,并且取得了丰硕的成果。在同一个目标下持续努力,通过日积月累的实践,可以看到非常明显的效果。

1. 从差异化和社区服务的维度来说,双方共同开发了(包括但不限于):

   (1)关于代餐品陈列的6项行动指南;

   (2)饮食的三维空间(身体、思维、灵魂);

   (3)"现在的潮流饮食"促销销售方案计划。

2. 从健康食品的维度入手，双方共同开发了（包括但不限于）：
   (1) 新品的定位和上市策略，例如V8蔬菜汁饮料的全美上市；
   (2) 现有产品的优化改进方案，例如降盐和提升有效营养成分；
   (3) 雇员互动及激励，例如共同的销售激励方案。
3. 从可持续发展的新维度入手，双方共同开发了（包括但不限于）：
   (1) 企业社会责任书；
   (2) 升级化的可持续发展策略，包括农场、工厂、包装、能源、运输等各方面的提升工作，让消费者真实感受到可持续发展的落地。

第三个方面，就是合作流程的进阶。在整体的合作流程中，每年的业绩指标会迅速地分解到所有的区域和门店，并且从门店层面切入到部门，从部门层面切入到品类，每个层级都有不同的考核指标和行动方案（图7-10）。

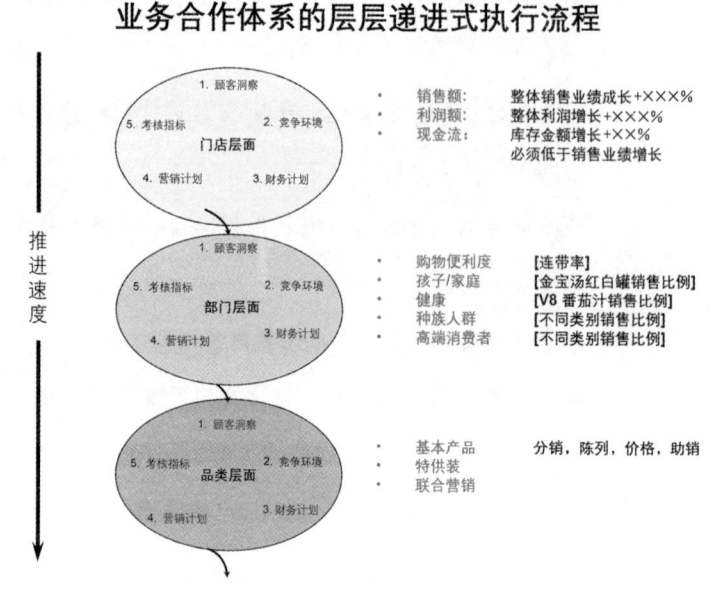

业务合作体系的层层递进式执行流程

门店层面
1. 顾客洞察 2. 竞争环境 3. 财务计划 4. 营销计划 5. 考核指标

- 销售额： 整体销售业绩成长+×××%
- 利润额： 整体利润增长+×××%
- 现金流： 库存金额增长+×××%
  必须低于销售业绩增长

部门层面
1. 顾客洞察 2. 竞争环境 3. 财务计划 4. 营销计划 5. 考核指标

- 购物便利度 [连带率]
- 孩子/家庭 [金宝汤红白罐销售比例]
- 健康 [V8番茄汁销售比例]
- 种族人群 [不同类别销售比例]
- 高端消费者 [不同类别销售比例]

品类层面
1. 顾客洞察 2. 竞争环境 3. 财务计划 4. 营销计划 5. 考核指标

- 基本产品 分销，陈列，价格，助销
- 特供装
- 联合营销

推进速度 →

图7-10　沃尔玛与金宝汤合作流程的进阶②

　　笔者截取了一张当时的海报（图7-11），非常有代表意义。这是金宝汤为沃尔玛设计的周末食谱——5款家庭套餐，每个都在10美元以下，非常符合美国中产家庭的消费需求。而且当消费者来到沃尔玛的时候，他们就可以假想自己来到了一家点菜的餐厅，所有的食谱都准备好了，只需要到食谱的固定陈列区域采购相应的一整套食物原料和配料就可以了。这些套餐不仅非常方便，还让人看了很有食欲，即便消费者没有购买计划，也可能会顺便买上一份。

第七章 六步法之第五步：提升双赢

图7-11 金宝汤为沃尔玛设计的周末食谱海报

这样，从战略上确认合作关系，再到策略性的重点支持，以及执行流程上的整体配合，双赢销售思维体系下的联合生意计划才真正意义上成为两家企业每年的合作框架。双方企业高层将所有从上至下的对接人员的表格和对接会议的时间进行了全年性的细化分配，以确保每一个岗位的变动都不会影响全局性的战略合作的落地，而这些落到实处的工作真正地实现了价值。在2008—2009财年的销售结果中，沃尔玛食品品类的增长超过了同行，而金宝汤也在增长中共同受益，实现了28%的增长。在整体增长的业绩分布中，沃尔玛本身的门店拓展和自然发展的贡献占到了20%，品类开发和新品上市带来的贡献有

50%，供应链有效性和准时率带来的贡献有10%，还有20%的贡献来自于消费者认同所带来的二次复购和转介。

到这里，联合生意计划基础步骤和战略性升级基本上已经介绍完了。当然，联合生意计划只是"提升双赢"的一种技巧。提升双赢从本质上来说，是在合作开启之后，将双方的合作关系通过深入联合的方式进行推动，进而在一种关系型的合作体系中去用一种新的视角对待这个合作体系之外的上下游，并整合资源为他们创造新的价值。双赢销售思维的三个齿轮中，在这个步骤我们看到了第二个齿轮所带来的重大影响，它是基于第一个齿轮成交所带动的关系的发展，而在这个发展过程中，双方的合作与创新成为真正的新价值的来源。在下一章中，会进一步地打开思维，看一看除了上下游之外，我们还可以怎样通过和客户的共创，带给业务体系更大的价值，从提升双赢走向长期双赢。

小结

本章是六步法中的第五步，提升双赢。其重要性和意义不言而喻。从达成交易的第一步，到提升双赢的第二步，基于消费者需求的价值创造成了最为关键的业务发展引擎。战略性投

第七章 六步法之第五步：提升双赢

入所带来的战略性回报将为合作双方的创新带来丰厚的回报。

在六步法的第二步中，笔者强调了理解需求和挖掘需求的重要性，而在第五步中则进一步强调了满足需求和创造需求的巨大影响力，合作一旦进入到这一步，企业自身业务的发展会产生质的变化。

学习双赢销售思维，提升双赢小技巧

1. 将潜在的相互较量转化为一致对外的合作，找到这个行动方向指向的共同第三方，以终为始地设计合作模式。

2. 开展对于你们所共同研究的服务对象的细化研究和客户竞争力的相应调研，这些调研会让你获得新的洞见，并指导你给客户提供更多的有价值的行动方案。

3. 衡量投入产出比，找到最核心的合作方向和合作模式。

4. 执行行之有效的互动沟通协同模式，确定每周每月每季度的交互方式，关键窗口一定要引入高层参与并给予战略性指导。

5. 建立业务积分卡，衡量每一个产出，阶段性地提供相应的参考指标，庆祝胜利并推动下一个阶段目标的执行。

附录：实践JBP的5个阶段和10个步骤

5个阶段 & 10个步骤	核心内容/产出
调研阶段 • 内部/外部准备度分析 • 客户整体战略调研及分析 • 客户对应商品品类战略调研及分析	• 本企业的业务目标及战略 • 客户的业务目标及战略 • 支持性部门的业务流程和考核指标 • 哪些是成功因素？哪些是失败因素？ • SWOT战略分析（竞争优势/劣势，环境机会/威胁）
做出选择 • 明确 & 评价内外部机会	• 哪些是核心的外部机遇？ • 哪些是核心的竞争优势？ • 什么是值得我们和客户一起进行投入和发展的？
发展联合生意计划 • 开发出相应的联合发展产品 • 制定相应的品类发展计划策略	• 品类策略 • 选品策略/货架策略 • 定价策略/促销策略 • 推广活动时间表 • 年度/季度关键庆典时间表 • 新品上市时间表 • 购物者营销计划 • 客户增长计划表 • 新店开业及影响

续 表

5个阶段 & 10个步骤	核心内容/产出
价值确认及衡量 • 足够的计算、价值判断和衡量 • 高层对高层的讨论和确认 • 执行与衡量	• 业务推进计划足够实现业务目标吗？ • 开发制订并商定用同一种模式来衡量成功要素，通常使用积分卡 • 向高层的业务报告并获得他们的认可和授权 • 如果是从下至上的推动，请包装好你的计划并说服你的上级 • 硬性指标与财务系统的衡量方式进行有效对接
执行、回顾和调整 • 回顾、确认问题和差距，并调整相应方案	• 协商确定共同的回顾周期 • 月度（非正式），季度（正式） • 每个品类的团队可以和客户的相应团队共同商议并开发行动计划 • 确认问题和差距，做出相应调整方案 • 年度合同续约及联合生意计划的更新

第八章

六步法之第六步:长期双赢

六步法的后三步是层层递进的合作关系，要走到长期双赢是非常不容易的。双赢销售思维在销售落地过程中的终极目标就是走向第六步长期双赢。销售的使命也在这个阶段得到了实现。从关注产品到关注客户，从关注交易到关注价值，客户和价值作为两个支点，撑起了自身业务升级迭代和创新的最重要的驱动飞轮。

上一章，我们从联合生意计划的角度入手，理解了提升双赢过程中，引入第三方的重要性——可以帮助合作双方找到共同值得投入和做大的合作体系，并从互动中创造出新的价值。从交易型的合作体系到关系型的合作体系，可以说是迈出了一大步。当回顾双赢销售思维的飞轮效应时，我们会发现在这样的合作体系中，很自然地就可以通过与客户的共创来连接到第三个齿轮：客户第一倒逼自身进步（图8-1）。

第八章 六步法之第六步：长期双赢

图8-1 双赢销售思维飞轮图

销售的使命，就是不断地理解并满足客户的需求，并和客户达成长期合作，进而实现业务的持续发展。以客户第一作为战略发展的重中之重，从客户和市场的角度出发，通过销售业务过程中的"呼"和"吸"，来实现对自身业务的倒逼式改革，这不得不说是我们秉承着双赢销售思维所能够使企业基业长青的发展模式。

同时，你会发现，其中的价值创造和客户第一始终贯穿于业务发展和成熟的每个阶段。联合生意计划的本质是把最终的消费者变成品牌商和零售商共同服务和价值共创的起点。而在六步法的第六步中，笔者会重点介绍达成长期双赢的重要技巧——关系型共创模式。这个模式有两个重要的基本点和一个模式法则。这两个重要的基本点的第一条是"把业务合作的重心从关注产品到关注客户",第二条是"把双赢合作的焦点从关注交易到关注价值"。在这两点的基础上,我们可以来看关系型共创模式的设计和应用。下面就一步步展开解释。

从关注产品到关注客户,从产品驱动到客户驱动

所有业务的发展起点都是从产品开始的。没有产品,谈何销售?没有技术和概念,谈何竞争力?的确,每个企业能够实现交易和生存的基础就是自身提供价值。我们在第一章谈到双赢的基础的时候就谈到了自身价值这个最基本的要素。从第一步到第五步,我们始终都是围绕自身的产品展开合作和升级合作。但是到了第六步,我们需要做的就是如何突破自己的瓶颈,不再只是关注产品,而是转为关注客户。因为长期双赢的基础是建立在不断满足客户日益提升的需求和市场日益趋同的竞争压力之上。所以,从产品驱动到客户驱动,这是我们需要从观念和体系上建立的双赢思维理念。

理解我们的客户,真正做到客户第一

如果我们深层次挖掘交易的核心内涵,你会发现,客户购买的并不是商品,而是这个商品可以带给他们的价值。举个例

子，一个购买电钻的客户，其实购买的是电钻的功能——是它可以帮助客户实现在墙上钻洞的这个功能。进一步说，购买电钻的客户，购买的是可以让电钻帮助他最终实现把自己喜欢的画挂到墙上去的这个价值。

所以问题来了，如何保证你提供的产品和客户最终的需求是一致的呢？你的第一反应可能是，我准备好足够多供客户选择的产品。这样，不论客户需要的电钻是什么类型，我都有能力满足客户的需求。那好，根据这个思路，将我们的产品业务模式放到波特五力的市场竞争理论中去看一下。

根据波特五力理论，市场竞争力会受到五种力量的影响：上游供应链，下游经销商/消费者，直接竞争对手，潜在竞争对手，还有替代者。如果市场上有很多电钻，而你想要和他们竞争，你打造了你产品的差异化优势（POD），但即便如此，你能够防御或者胜过的，仅是提供电钻产品的竞争对手。

面对潜在竞争对手，你又该怎么办？假设现在有一个提供电钻租赁的服务商，客户就可能不再购买你的电钻，而转为租用电钻。因为租用电钻也能解决客户的问题，而且客户付出的成本更低，还不需要为此占用家里的储存空间，一举多得，何乐而不为。潜在竞争对手甚至还可能提供上门钻孔服务，费用和租赁电钻的价格一致，甚至提供了上门帮助客户在墙上打洞并安装画框的服务。

波特五力理论中还有一个替代者，当你碰到替代者的时候怎么办？比如市场上出现了一个可以粘到墙上的强力胶产品，使用该产品即可满足挂画功能，客户不仅不用钻孔，而且未来拆卸更方便，还不破坏墙面！这时候看了广告的客户突然发现：我既不用买一个电钻，也不用租一个电钻，我根本不需要电钻！其实，我需要的就是把我最喜欢的画挂到墙上去而已。于是乎，替代者改变了整个市场的消费格局。

所以，最终我们失去了市场，这是产品的问题吗？不是，是理念的问题。而整个双赢销售理念就是建立在自身价值的基础之上，并且始终把握市场和消费者的脉搏，从客户需求的角度出发来追求长期价值的思维模式。所以，重点不在于你的产品好坏，而在于你的产品是否可以满足消费者的需要。当企业发展到一定阶段的时候，不能沉浸在自身的产品市场占有率和价值之中，而更应该关注如何不断地满足客户的真正需求。

第八章 六步法之第六步：长期双赢

产品为核心　　　　功能为核心　　　客户需求为中心

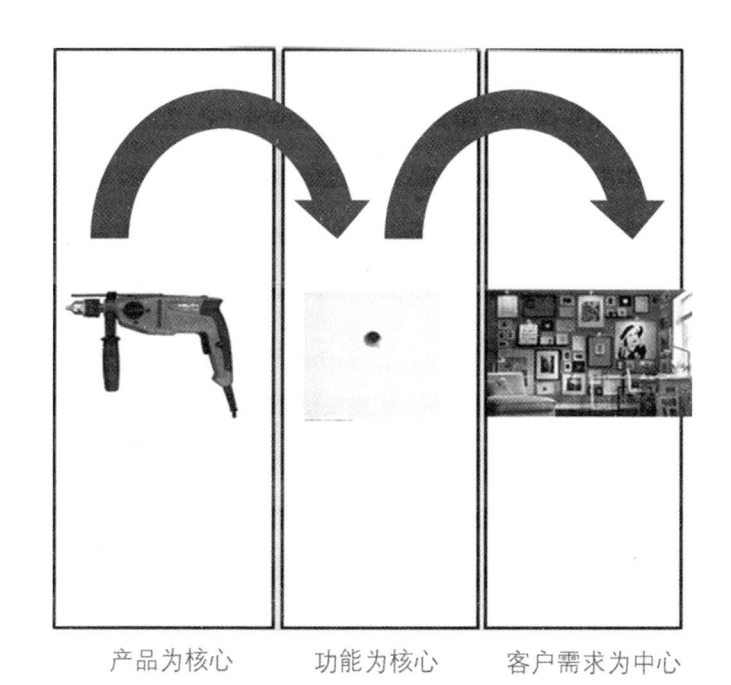

图 8-2　从关注产品到关注客户

在图 8-2 的最左侧，业务以产品为核心，企业的专注点在于自身产品的优势和特征。向右侧移动到中间时，转为以功能为核心，产品本身是卖给用户还是租给用户只是方式方法不同，最重要的是帮助客户实现产品所能实现的功能。而到了最右端，则是关注客户最本质的需求。客户的需求实际上既不是电钻，也不是在墙上钻孔，而是把画挂到墙上去这件事。因此前两者只是帮助客户实现这个目的的一种路径，而不是必然选择。柯达早年的胶卷业务盛极一时，这个业务的利润也令人惊叹，于是当数码相机的业务诞生的时候，柯达并没有足够重视这个部门，也没有给到这个部门足够多的投入和推广，因此失去了市场先机，甚至到最后成了倒下的巨人。柯达这个经典商业案例告诉我们，不要为自己的产品所痴迷，真正带动你的业务发展的，是客户的需求。而这个需求，会随着环境的变化而变化。

事实上，不论你现在从事的行业是制造业还是服务业，其实都在面临着巨大的挑战。2020年年初爆发的全球新冠肺炎疫情改变了很多行业，同时也让更多的人冷静下来重新思考业务本质。很多行业现在面临的不再是竞争者或者潜在竞争者，而是替代者，其本质就是消费者/客户更清晰地了解到，他所要实现的目标不需要再以原来的产品/服务为路径和载体。比如线上会议软件的蓬勃发展就是一个非常典型的案例：由于疫情和隔离等原因，人们不再依托原来的线下场景来实现开会这件事情，而可以更多地依托新技术和新工具来实现他们信息交互这个开会的目的。因此，Zoom、腾讯会议、钉钉等各色软件大行其道，甚至对线下很多会议场所的租用业务造成了实质性的影响。

早在2016年1月，李克强总理在《中国制造2025》与"互联网+"融合发展的报道中曾明确指示："这是深化供给侧结构性改革的重要内容。必须坚持市场导向，引导企业适应和引领市场,在'中国制造+互联网'上尽快取得突破,实现中国制造迈向中高端。"政府也在用客户第一的思维方式引导企业进行供给侧改革和制造业升级。

关注客户第一,坚持市场导向的经济发展模式显然已经成为所有企业在业务发展中最需要严格把握的核心方向。只有坚持客户需求导向,才能够在不断风起云涌的市场大潮中成为持续的成功者,而不是被淹没在巨浪中。

利用客户触点衡量表,做到真正的客户驱动

那么如何真正地做到客户驱动呢?有一个很好用的方式就是理解客户触点,在每一个客户触点上做文章,做到令客户满意。

什么是客户触点?就是指在业务开展过程中,与客户接触的联结点。不管是广告展示,还是销售陈列,抑或是货品送达打开包装使用的过程,还有维修及咨询的售后服务,这些与客户交互的界面,我们都称之为客户触点(Touch Points)。

这里的客户驱动就是指企业根据客户的反馈所建立的关键接触点的流程改造。客户第一是一面最好的镜子,这些和客户接触的触点就是客户与你进行互动的窗口。

现在,我们来做一个很有意义的工作,就是将客户触点放入客户触点衡量表,来系统性地分析我们和客户交互的界面做

得好还是坏。每个触点可以根据它在客户心目中的重要性和满意度进行评价，然后就可以得到以下这样一张图（图8-3）：

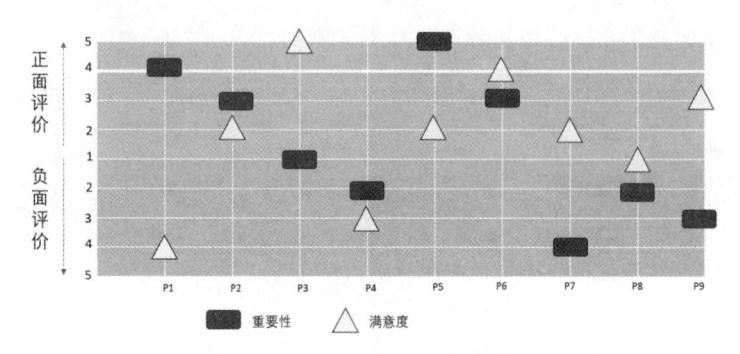

图8-3 客户反馈：不同触点的衡量量表（样例）

图8-3中列举的是一个测量量表的应用情况，图上从左往右的P1～P9是9个不同的触点。触点的多少是根据企业与客户交互的界面的细分程度来设计的，常规来说6～12个的颗粒度会比较合适。触点的颗粒度太粗了很容易变得宽泛，因而难以落地到后续的行动方案，但是太细了则容易重复。

其次就是长方形的重要性评价和三角形的满意度评价。这里的长方形重要性评价所对应的分数代表着客户认为该触点或者交互行为对整体的产品使用和服务体验的重要性。在设计问卷的时候，可以让客户自身对所有的触点进行重要性排序，这样就比较容易分出来哪些更加重要。这个重要性对于每个客户而言是不同的，就像一个餐馆，有些人认为环境比较重要，有些人则认为菜品特色比较重要。而三角形的满意度评价所对应的则是客户在使用产品和体验服务过程中的满意度。这个不一定要排序，甚至有可能每个都是满分，但还是要让客户在评价的时候可以根据正面和负面进行打分，先有一个定性的判断，再有一个定量的程度性的数字。正面评价的会展示在表格上半部分，负面评价会展示在表格下半部分，代表程度的分数则分成1～5分，分数越高代表强度越大。

这样的反馈最好是以一定的时间周期为限，保持触点的状态不要有太大的变化，例如网站的页面、客户服务的流程等。这样，当客户针对这些触点进行反馈时，可以有比较强的代表性。而客户样本影响分析统计的客观性，建议尽量拓宽客户的类型，而不是集中在某个地域，或者某个年龄层，不然容易以偏概全。正常来说，当你收集到一定样本量的时候（例如100份以上），就可以分析样本数据了。接下来，我们将样本客户的打分汇总，得出每一个触点的平均分数之后，就可以进行第二个动作——分类评价。

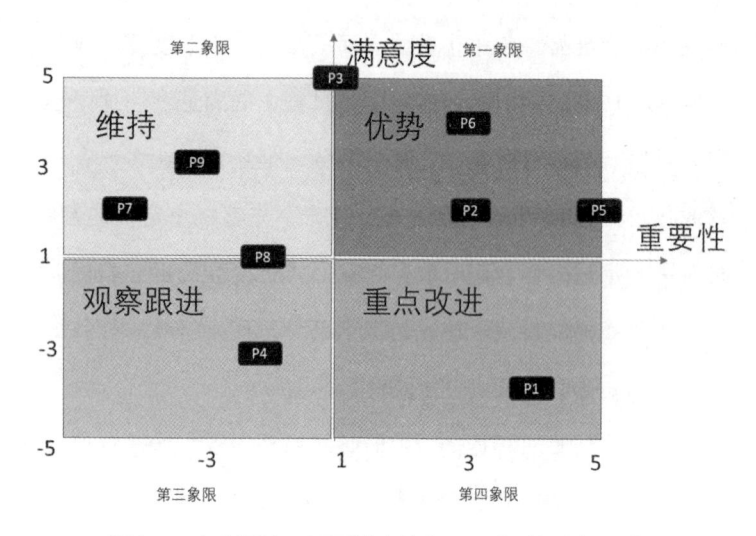

图8-4 客户反馈：不同触点的衡量量表（样例分析）

这张图8-4是怎么得出来的呢？我们基于8-3的图例，将每个触点的得分（可以基于所有样本的平均值来得出）分布到重要性和满意度的二维四个象限的空间里去（8-4图中的点与图8-3中的点一一对应）。

根据横轴和纵轴的定义，不难理解，右上的第一象限指的就是重要性和满意度双高的区域，落在这个区域中的触点，表示是客户非常关注而且企业也做得非常好的部分，往往这个部分就是企业相对竞争对手值得特别强调的优势。而左上的第二象限表示客户满意度高，但客户认为它重要性并没有那么高的触点，这些触点也是企业做得比较好的部分，但由于重要性低，只要简单维持就可以了。

下方的第三象限和第四象限都是需要注意的，因为满意度是负面的。左下角第三象限内的触点表示重要性并没有那么高的触点，因此可以先观察，不急于采取行动去改进。而右下角第四象限则是最需要被关注的区域。这个区域内的触点在客户心目中重要性非常高，但满意度却非常低，这可能和产品直接相关，也可能和产品没有直接关系，但是却是需要立刻进行重点改进并采取相应动作的部分。通常情况下，这些也是最容易被竞争对手把握并获取企业客户的竞争点，是企业的竞争弱势，需要立即改进、补足，否则会对企业在行业中的竞争力产生直接的影响，甚至会造成比较严重的后果。

基于以上的分析，客户驱动的场景中，我们可以把第一象限中的触点作为企业对外宣传的核心卖点进行反复强调，而对第四象限中的触点进行迅速改进，将它努力转移到第三象限或者第一象限。例如你经营了一家餐厅，你的过往客户如果对环境这个触点非常满意，那么就可以在各个公众号和点评类网站上强化餐厅的这个优势，让希望享受优美的就餐环境的客户更容易找到你的餐厅。而如果排队时间长成了重要性高且体验差的、第四象限中的内容的话，那么请及时改进餐厅的预约系统，以及在客户排队过程中给予更好的休息环境等方法来弱化或者改变你的劣势触点。细心的你可能发现了，其实这两个触点都和菜品口味这个餐厅最本质的产品没有直接关系，所以不要简单地只关注产品本身，而要更多地从客户的角度出发来设计你的客户交互过程，这对于业务的发展，会起到非常大的推动作用。

客户触点衡量表可以在不同的业务场景中运用。通常来说，基于你希望了解的客户现有体验的认知，来确定相应的场景和触点，定期反馈，并在内部进行相应的头脑风暴和行动方案的探讨。现在有些互联网公司和新兴公司已经设置了首席体验官（CXO）这样的职位和角色，正是说明了客户第一的理念在现代消费行业竞争中所起到的关键作用。客户驱动要求企业需要深度地接触客户，了解客户，并且以客户的视角来看待自身的业务水平，从第一象限和第四象限中（这两个象限代表重要性较高）的客户触点出发，将营销资源进行有效的分配，提高优势的知名度，降低劣势的破坏性，从而使投入转化为对客户的价值。这才是真正地从关注产品到关注客户，从产品驱动到客户驱动。

从关注交易到关注价值：价值的交换、共创和连接

在六步法中，第四步关注成交，第五步关注关系，第六步

第八章 六步法之第六步：长期双赢

则关注价值的共创和发展。那么如何来理解这种价值在长期双赢中的重要意义？我们从下面的图中来进行详细的分析（图8-5）。

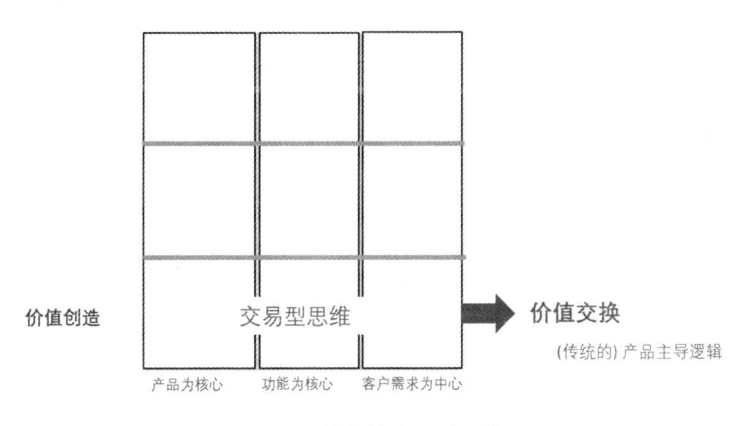

价值创造　　交易型思维　　→ 价值交换
　　　　　　　　　　　　　　(传统的)产品主导逻辑
　　　产品为核心　功能为核心　客户需求为中心

图8-5 价值的交易型思维

在传统的思维中，交易的本质是我创造了价值，而你消费了价值。就好像我为你生产了饼干，而你吃掉了饼干就是消费了我生产的价值一样。无意间，我们都放大了自己，而轻视了客户。在物资匮乏的年代，确实是供不应求，这样的思维模式也并不奇怪。但是到了现代社会，物资的充沛度已经达到了某种程度上的供大于求。这个时候，企业绝对不能再简单地认为，自己是价值的生产者而客户是价值的消费者了。在信息大爆炸时代，消费者，或者说客户，正在通过他的反馈和表达，变成了企业的产品的新媒介。有一句话说得好，"每一个客户都是你的新渠道"。也就是说，客户不仅能够通过反馈帮助企业提高产品的价值，还能够通过推荐和评价变成企业产品的一个新的售卖渠道。沿着这个思维往上思考，你和你的客户的关系正在从传统的交易型，转变为关系型（图8-6）。

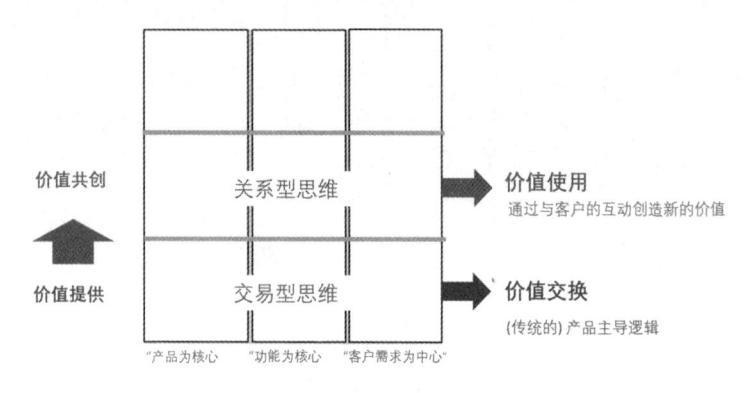

图8-6　价值的关系型思维

业务在通过关系型思维进行发展的整个过程中，不是光有价值的提供和使用，而更多的是在互动过程中产生的新的价值创造。前文中，我们曾经提到过，这种价值的创新不仅存在于B2B的合作场景中，也存在于B2C的合作场景中。我们来通过案例看一下新的价值是如何通过关系型的互动和赋能而被创造的。

在B2B的场景中，我们看到联合生意计划为双方的合作关系所带来的新的价值。例如在上一章的宝洁和乐购的案例中，

第八章 六步法之第六步：长期双赢

乐购为宝洁提供的"五星级新品上市计划"，就是乐购基于商场这个场景赋予了宝洁的产品以新价值，而宝洁为乐购提供的品类管理体系则是产品赋予了场景新价值，双方共同推进的"会员提升计划"则是共同来为消费者打造属于三者之间的共同关系场景的新价值。在这个合作关系中，彼此之间的互动带来了基于对用户和竞争的更深层次理解的价值共创。同样，在上一章的金宝汤和沃尔玛的合作案例中，我们看到了类似的更多的价值共创。最典型的案例就是当时金宝汤与沃尔玛共创的"每日菜谱"，利用沃尔玛的整体品类资源和金宝汤的产品优势，共同提供一个新的解决方案给到用户。而消费者突然发现，他们来到沃尔玛，不仅可以买到想买的产品，甚至可以直接搞定他们今天最后要做的事情：配好一桌菜。通过这样的互动和共创，一些新的价值产生了，消费者也不再需要为比较价格和搭配食材而烦恼，用户的体验和忠诚度自然就上升了。

在B2C的场景中，我们也会看到类似的价值创造。

在酒店租场地搞活动对所有人来说是再熟悉不过的场景之一了。传统的模式就是酒店提供场地，客户交给酒店足够的费用来支付场地的使用成本。全球领先的万豪酒店集团针对它的客户的需求，在2015年向亚太地区的会议活动策划人及组织者推出会议创意平台（MeetingsImagined.com）和手机会议服务应用程序（Meeting Services App），这是一项非常有意思的服务。

传统的会议更多的是酒店定制套餐，客户（消费者）来进行挑选，而这次则不同，客户（消费者）完全可以通过网站或者手机应用程序直接定制其所喜欢的场景和服务。万豪酒店从客户第一的角度出发，帮助客户达成他的最终需求——组织一场基于客户定制的会务活动。

图8-7　万豪酒店的客户化定制界面

于是乎，客户成了设计师，他们为自己的会议设计相应的场景、演出安排、餐饮需求、技术支持，然后一键搞定，由万豪来承接。在图8-7中，大家可以看到这个简单的互动界面。并且还会发现，这个界面的互动创造了非常多的新价值，我举几个例子：

第八章 六步法之第六步：长期双赢

1. 所有的场地所要用到的设备都是通过确定需求来提供供给，而不再是先提供供给，然后再匹配需求。因此几乎可以做到按需供应，没有多余的设备浪费。酒店也可以按照订单来随时调整设备的租赁。

2. 所有的设计都是客户自己来做，而且在线上完成。酒店不再需要配备相应的设计师来专门服务，因此节约了人力资源。

3. 客户的选择有很多的个性化，但是也有很多的雷同性。酒店因此能够发现市场中大部分需求的相似之处，从而集中化采购相应资源，降低了每个资源的使用成本。例如，弦乐四重奏如果是一个定向的需求，那就不需要每次单独谈价格，而只需要和乐团谈好一个大体的年度合同。

4. 用户发挥了很多新的想象力，并且非常愿意将自己的好主意分享到自己的朋友圈层。因此，正常活动不缺少推广和分享，每一个创意都在属于它的社群中进行了广泛分享，万豪的这个服务也因此被更多人了解，吸引更多的用户来参与并使用万豪的服务，因此，万豪的口碑度迅速提升，而用户获取成本却几乎为零。

在打破了简单的交易型思维之后，客户（用户）与你共同发展，赋予产品新的价值，甚至倒逼和推动产品升级，这就是打开思维之后全新的双赢销售思维。

事实上，即便是最传统的生产型企业，也可以从关系互动中发现机会。宝洁作为产品的生产商，提供了像汰渍这样的全球知名的品牌和商品。同时在美国有很多汰渍洗衣房，消费者在这里不仅可以洗衣，还可以聊天和休息。连接消费者不仅可以在线上实现，也可以在线下实现。

有没有发现，其实当价值被不断使用和互动之后，逐步产生了更多的裂变？两者之间的关系就变成了多个参与者之间的关系。在上面这个例子中，当越来越多的人与万豪进行相关的会议预定和定制服务后，整个关系就变成了网络状的关系，而万豪，则成了一个像平台一样的价值连接者。

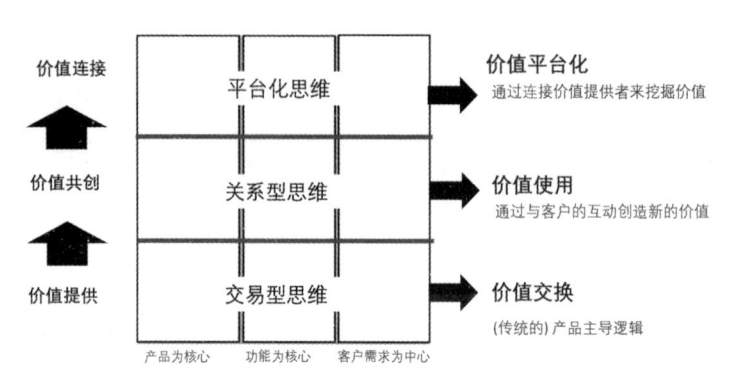

价值连接 ↑	平台化思维			→ 价值平台化 通过连接价值提供者来挖掘价值
价值共创 ↑	关系型思维			→ 价值使用 通过与客户的互动创造新的价值
价值提供	交易型思维			→ 价值交换 (传统的)产品主导逻辑
	产品为核心	功能为核心	客户需求为中心	

图 8-8　价值的平台化思维

例如，鲜花的供应商因为万豪找到了更多定制的客户，表演弦乐四重奏的乐团因为万豪找到了更多的乐迷和消费者，还

第八章 六步法之第六步：长期双赢

有餐饮服务商、场地搭建方、摄影摄像团队，也都找到了更多的客户。于是，一个多边型的合作模式被打造出来了。其实这样的案例在行业中非常多。

在B2B的模式中，再典型不过的就是阿里巴巴了。很多人认识阿里巴巴是从淘宝和天猫开始的，殊不知，阿里巴巴真正的起步是B2B的业务模式。至今，B2B仍然是阿里巴巴业务发展的根基。在企业的初创期，阿里巴巴就发现了信息的价值，而平台则是连接信息价值最好的方式。于是通过互联网平台，阿里巴巴迅速地将中国的产品供应信息和海外市场对于这些产品的需求信息进行了完美的对接。在阿里巴巴平台上，有27个行业、700多个产品品类的50多万个商品可以被它们的需求者找到并定制。阿里巴巴和它的客户之间，通过价值的共创，产生了非常神奇的化学作用：生产方通过平台，将它的产品进行发布、展示，而且越做越完善，越做越专业；需求方通过平台了解并且定制他们需要的产品，慢慢也形成了一些采购联盟。不仅如此，整个平台已经不单是一个交易平台和展示平台，更成了商业化互动平台、了解全球价格行情的资讯平台，以及航运、贸易、税务等服务的对接平台。阿里巴巴和它的客户之间，通过这样的价值共创，发展出了一套全新的商业模式。

在B2C的模式中，美团大众点评则是佼佼者，客户创造价值在其中被展示得淋漓尽致。每个客户既是使用者，也是价值贡献者。你在大众点评上做的每一个评价，都会成为有价值的数据沉淀；你在大众点评上做的每一次分享，都会成为有价值的数据裂变。与其信任广告，不如信任点评。在日积月累的过程中，平台将每个价值贡献者的价值完全连接在了一起，不再需要自己创造内容，因为使用者本身就是内容的创造者。与此类似，抖音、快手的成功也是一样：站内的活跃源自于用户对平台内容的喜爱，而用户本身也是内容的创造者和参与者；用户不觉得自己是在消费（因为没有付费），但其实，平台也没有付费给你——是你在创造内容，这不就是一种特殊的付费方式嘛。

关系型共创模式的设计与应用

在第一章中，我们提到双赢思维是建立在自身价值之上，以追求长期价值为目标，用互动和共创的合作关系来促进价值增值和裂变的思维方式。在企业与客户走向长期共赢的过程中，企业通过销售人员这个桥梁，让客户的声音成为帮助企业发展和自身产品迭代的最好的推动力。这也正是双赢销售思维的齿轮中最后一个齿轮的核心内容。如何才能做到齿轮中的客户第一倒逼自身进步呢？笔者通过关系型共创模式来做具体

第八章 六步法之第六步：长期双赢

说明。

什么是关系型共创呢？关系型共创，就是企业在业务发展过程中，销售和业务体系除了建立以客户第一为宗旨的渠道推动模式（将其称为内生性动力，因为是由销售人员的工作职责和考核激励来带动），同时还需要不断利用合作伙伴的资源和反馈，带动企业自身的业务模式的精进和迭代（将其称为外生性动力，因为更多价值的产生是由外部的资源和信息来带动），而其中的纽带，则是企业和客户之间的关系，因此，我们将其称之为关系型共创。

如今的企业，很难持续在市场上领先。因为信息化的时代带来竞争壁垒的降低，当你成功的时候，别人要么就复制你，要么就找其他的方案替代你。远有柯达胶卷，近有智能家电，这样的案例已经太多太多。而共创是现在各个企业业务发展的重要新模式。很多500强企业的CEO将共创看成企业长期发展的重要手段和核心竞争力，不论是如华为、联想、海尔、小米等这种中国起步、领先全球的科技企业，还是像宝洁、乐高、阿迪达斯、谷歌等这种全球知名品牌和领军企业，都在学习共创、实践共创，并用共创来引领企业与时偕行。

何为共创？共创就是企业和它的用户及潜在利益相关者在一个开放、创新、社交连接为基础的生态中，寻找合作伙伴并鼓励其参与创新流程的过程。

共创是一种双赢的合作伙伴关系，其有三个要素。第一是开放，鼓励透明度。第二是分享，鼓励认同和创新。第三是赋能，让参与者获得更大的满足感和成就感。根据每个企业开放程度的不同和共创这项工作的负责人性质的不同，笔者将共创分成四个类型（图8-9）。

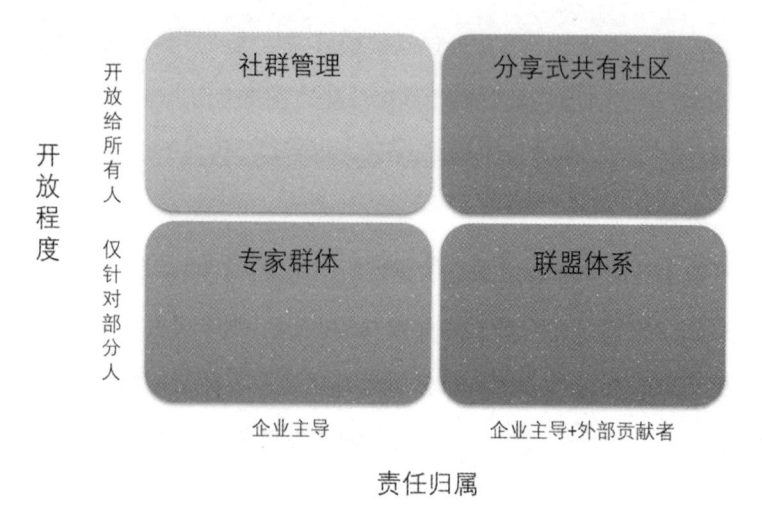

	企业主导	企业主导+外部贡献者
开放给所有人	社群管理	分享式共有社区
仅针对部分人	专家群体	联盟体系

开放程度 / 责任归属

图8-9 关系型共创在不同企业业务模式中的呈现

当整体企业的共创模式还处在内生化阶段（图8-9中左下第三象限部分）时，企业的创新主要是依赖于一批专家群体。这里的专家可能是企业内部研发中心的核心成员，也可能是外部邀请的个别顾问。在这种情况下的共创，主要还是以这些专家之间的互动和竞争为主。不少的互联网企业或者现代科技企业（游戏公司）等，都以非常扁平化的项目制进行工作组织和资源分配，并且通过内部PK（竞争）来获得更快的内部迭代和创新。这是一种良性的内部竞争，通过竞争，产生优胜劣汰，利用比较小的成本来实现市场接受度最高的产品。这里最典型的代表就是微信。它的发展见证了一个企业内部迭代的过程，并且成功地成为现在中国首屈一指的社交平台。

那么内部专家资源不够怎么办？我们可以引入外部贡献者，搭建联盟体系（图8-9中右下第四象限部分）。这种模式的典型代表是乐高。这家丹麦知名企业从1932年木制积木的生产开始，逐步发展成全球最知名的玩具公司之一。它经历了简易玩具到智能玩具的升级迭代，并且进入了零售、书籍、影业等多个行业，取得了巨大成功。但是在2002—2005年期间，乐高却面临着相当大的危机。当时全公司面临连续亏损，冒险聘用了第一个从外部招聘的CEO，克努德斯托普（Jørgen Vig Knudstorp）。他来了之后做了一件非常重要的创举，就是搭建了新的共创机制。围绕着企业核心品牌价值，乐高邀请了很多外部的机械工程师，鼓励他们用其创意来做新产品。乐高自此从价值的提供者，转变为价值的连接者。在2005年，乐高推出了新的Mindstorms系列，将各种机器人装进了玩具的内核，使得乐高从孩童的玩具摇身一变，也成了很多成年人的玩具。每一个系列的设计师，乐高都会将销售收入与他们进行分成，他们从简单的设计师变成了利益相关方,可以长期享受他们自己的劳动成果所带来的收益。试问,这些项目参与者谁会不动心?谁会不全心全意地去做好这些产品?2006年,乐高就扭亏为盈,Mindstorms系列成为最卖座的好产品,随后乐高继续发展这样的设计师产品,并且一路高歌猛进。

如果企业担心风险,或者觉得自己现在的成熟度还不够,更多地希望自己来把控创新流程,那么社群管理(图8-9中左上第二象限部分)或许是一个非常好的共创方案。在这里,没有那么多的利益相关方,更多的是帮你出主意的人,只不过你需要把门槛适度放宽而已。有一个经典的案例来自于星巴克。霍华德·舒尔茨(星巴克创始人)在《将心注入》这本书中提到"为长远目标和品牌建设创造价值","做好服务,提供咖啡;而不是做好咖啡,提供服务(We are not in the coffee business serving people, we are in the people business serving coffee)"。星巴克永远视它的消费者为最核心的资产和业务驱动力,因此它也推出了一个项目叫"我的星主意(My Starbucks Idea)",其主题是"Shape, Vote, Discuss, See",简而言之,就是让用户把自己针对星巴克的产品、体验、项目等各个方面的好主意写在社群里。而在星巴克购物消费的所有人,又可以在这个社群里对这些主意进行点评、投票、讨论,并且将好的主意推荐给星巴克的管理层让他们实施出来。像最早的在线预订、门店特定时间取咖啡等好主意都是这样被讨论和推动出来的。企业通过这样的共创和社群管理,让所有用户参与和分享,在这个过程中自身也获得了非常多有价值的资源和信息。

最后,就是开放度和责任方双高的右上第一象限区块(图8-9),也叫分享式共有社区。所谓共有,就是我参与,我也有份获得一些收益。Linux就是这样一个软件工程师的分享式共有社群。而现在互联网领域中,这样的分享式共有社群的成功案例有很多,比如Bilibili(哔哩哔哩)就是一个典型。在以内容为核心的平台中,常常遇到的最困难的事情就是建立内容的生产、制造、分发的有效机制,而Bilibili通过独有的机制,成功造就了一批新世代的内容制造达人,或称UP主,他们每个人都有自己的专长领域,并用自己的独特视角来剪切和改造内容资源,并上传到公共分享领域,每个人都因此收获了大量的粉丝,成了红人。但其实最大的获益者,无疑是Bilibili本身,通过这些内容,Bilibili现在对年轻人来说是最值得一逛的内容分发地。互联网技术的成熟正在改变很多生态,共创模式给了每个生产者价值裂变的场景和空间,就像Bilibili捧红了诸多的UP主,小红书捧红了很多KOL(关键意见领袖)体验官,抖音捧红了很多直播达人一样。

以上的四种关系型共创模式,是企业在做好了自身的定位,并且对整体行业的发展和客户需求进行了全面分析之后的结果。

当企业能够从产品驱动转变为客户驱动，从交易型业务模式转变为关系型共创业务模式的时候，企业就可以通过与客户的互动，产生价值共创，实现真正意义上的长期双赢。

关系型共创模式带给企业的机遇和挑战

每个企业要做到长期双赢，销售是一个非常重要的窗口和桥梁，但同时，企业自身的主导模式、关键要素和核心驱动力本身就不尽相同。因此，关系型共创也需要因地制宜。我们可以通过下方的图表（图8-10）来看到不同主导模式下企业的核心业务发展驱动力。

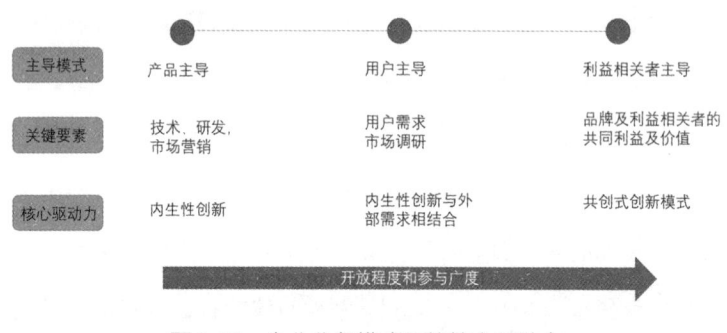

主导模式	产品主导	用户主导	利益相关者主导
关键要素	技术、研发、市场营销	用户需求、市场调研	品牌及利益相关者的共同利益及价值
核心驱动力	内生性创新	内生性创新与外部需求相结合	共创式创新模式

开放程度和参与广度 →

图8-10 企业业务模式下的核心驱动力

图8-10展示了企业基于其业务的主导模式和核心竞争力的

第八章 六步法之第六步：长期双赢

异同，相关信息开放程度的不同，参与人广度的不同，所涉及的关键要素和核心驱动力差异。

当企业的竞争力命脉取决于专利技术的时候，企业的根本在于产品。这类企业的核心增长模式在于内生性动力。如果企业的技术实力拥有垄断地位，或者具有绝对的不可替代性，例如药品、高科技材料等，那么这样的企业在市场中的信息开放程度相对就不会太高，而其关键核心驱动力的参与方，必然是行业中最领先的技术实力的拥有者。

当企业的竞争力命脉取决于客户满意度和忠诚度的时候，例如快速消费品、生鲜食品、家用电器等，与客户的互动式共创就会变得非常重要。对于消费者研究越是透彻的就越容易在市场竞争中把握先机。企业应该允许研发部门和市场部门与目标用户尽可能接近，定期地举行相应的客户访谈和反馈，让用户的实时建议和需求成为企业发展和创新的核心动力和方向。

而当企业的竞争力命脉更多取决于利益相关方，自身已经逐步向平台化发展的时候，企业和利益相关方之间的价值共创就变得至关重要。品牌授权、内容平台、共创式孵化中心等平台型企业都属于这个类型。5G移动时代带给这些企业从未有过的技术支撑和时代机遇，但挑战也一样巨大，因为你都不知道明天颠覆你的人是谁。因此，企业要更多地侧重让利益相关者能够更好地在平台上发展。如果能够拥有独树一帜的差异化优势，平台式企业可以非常迅速地进行裂变式发展。

如今，很多企业都在面临数字化转型的挑战。数字化时代赋予了价值连接和共创机制更加肥沃的土壤和更加便捷的路径。Uber（优步）自己不拥有车，却成了全球最大的汽车租赁平台；Airbnb（爱彼迎）自己也不拥有酒店，却成了全球最大的酒店预订平台；不论是阿里巴巴还是亚马逊，几乎都没有自己的商品，却成了世界级的零售巨头。数字化是这个时代的最大标签，也是这个时代的最大机遇！

这些企业的成功不是偶然的，双赢销售思维是推动企业与客户共存共赢的底层思维，而业务模式的成功，是和带有使命感的销售体系以及关系型共创体系所倡导的价值创新紧密联系在一起的。

小结

本章阐述的是销售六步法中的最后一步：长期双赢。双赢销售思维已然影响到企业的业务模式和创新演进方式。把握时代的机遇，把握行业的机遇，把握自身企业的机遇，做好价值连接和价值共创，你能创造的价值超出你的想象！

学习双赢销售思维，长期双赢小技巧

1. 不要只关注你的产品有多好，而要关注客户需要拿你的产品去实现什么功能以及客户最终要去做的事情。

2. 建立一些和客户互动的机制，并将这些机制纳入到业务人员和组织体系考核的重要KPI衡量指标里面去，例如消费者产品使用体验满意度评分、渠道合作商年度商业合作反馈等。将这些反馈机制中所体现的问题放入到你的客户触点改进计划中去。

3. 考虑你的业务所在行业的发展趋势，把握其中和利益相关方共创的机会。如果有机会成为一个价值连接者，那么企业的发展机遇将远远高于现在所处的角色和地位。

尾声

销售的使命

讲到这里，已经基本把六步法的框架讲完了。总结来看，整个六步法其实是和双赢销售思维的三个齿轮完全匹配和整合在一起的（图9-1）。

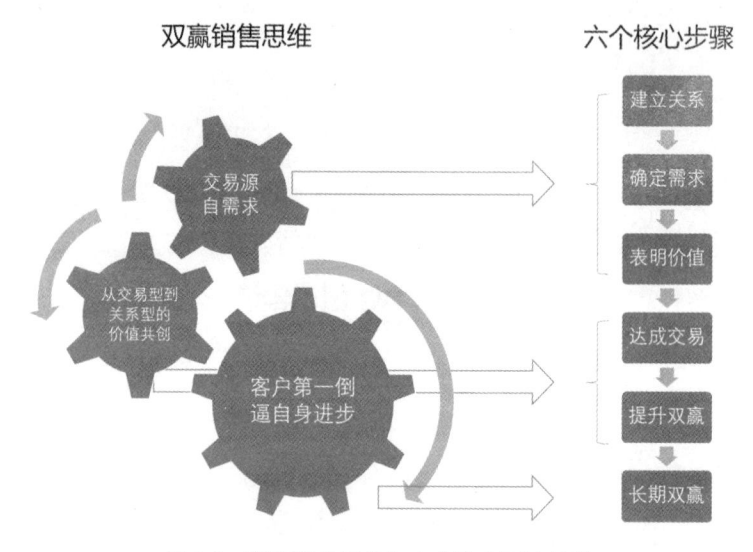

图9-1 双赢销售思维与六步法之间的关联

第一大阶段就是第一步到第三步，其核心思想就是从需求到价值。没有需求，无从谈合作；没有价值，无从谈双赢。

从建立关系这第一个步骤开始，我们就在不断地寻找自身价值与用户需求之间的对标。了解并建立自身的差异化优势，通过客户渗透来更深入全面地了解客户的综合全貌，包括长期远景到短期策略。

尾声 销售的使命

到确定需求的第二个步骤,我们进一步了解业务产生的源头。一切的交易源自于需求,而"理解需求,挖掘需求,满足需求,创造需求"这16个字,恰恰说明了销售的核心工作所在。不论这个需求是大是小,只要是被确定的需求且能够被满足,那么,这就是一个很好的合作的起点。

表明价值作为第三步骤,更是让客户明确,你就是满足他业务需求的最好的合作方。因此,除了价值的独特性,匹配度和传导力也是重中之重。顾问式销售中的情境销售模型、说服性销售技巧、高端核心关键人物的销售方式,都让表明价值的过程事半功倍。

第二大阶段就是第四步到第五步,其核心思想就是从交易到关系。交易只是价值交换,而关系则能实现价值共创。

达成交易的过程往往不是一帆风顺的。即便需求非常明确,但仍然受制于很多的客观条件的制约,例如预算、付款方式、物流等。商务谈判技巧的本质是要明确"凡事预则立,不预则废"的道理。明确任何的事件都需要充沛的计划性,做到"知彼知己,百战不殆"。

提升双赢,其实是合作关系的升级。不要把业务交易过程仅仅放在一个双边关系中去对待。其实你们的合作是在一个更大的格局之中的,而合作的本质是为了实现双方的共同利益的最大化。在交易模式逐步被提升为关系模式的过程中,双方共同去投入到高成本高收益的价值战略区域，并产生更大的价值提升和效益提升。

第三大阶段就是最后的第六步——长期双赢。中国人有句老话"成也萧何，败也萧何"，企业的优势很多时候也会成为它的局限性所在。因此，要实现长期的双赢，其最重要的两个基本点就是如何将产品驱动转变为客户驱动、将双方的双赢基础从关注交易转变为关注价值。关系型共创模式提供了一个更大的想象空间，让企业通过内生性动力和外生性动力的共同作用下，围绕客户第一的目标，来不断地实现自我提升和自我迭代，最终实现企业长期市场价值的不断增值。

这就是双赢销售思维体系下的销售六步法，其关键就是解释销售助推业务从发生到发展的过程。销售的这六步法就好比六脉神剑，每个销售人员学习并践行的过程中，都值得将每个步骤进行打磨和锤炼，最终学会融会贯通，并在使用的过程中实现无形胜有形！

在此，笔者把整体的双赢销售的核心思想以及本书所提及的相关内容总结到如下这张图中（图9-2）。

尾 声 销售的使命

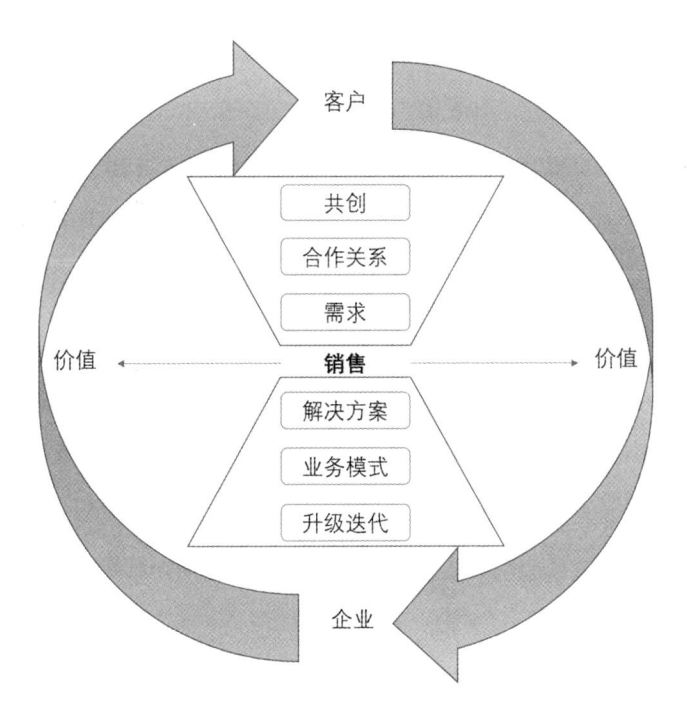

图9-2 双赢销售思维中的销售使命

销售工作就好比联系企业与客户之间的那条纽带。在企业与客户之间，销售工作中第一位的也是最核心的，就是"了解客户需求，销售解决方案"。这是所有销售人员的本职工作，也是最为直接的工作内容。但好的销售人员和成熟的销售体系应该将企业的业务模式和发展战略通过销售工作这条纽带与客户紧密地捆绑在一起。而这里的一个重要的好坏差异就是是否具备双赢销售思维。

企业不会在市场上孤独地存在。只有带给客户价值的企业，才能在市场中存活并发展。而客户也不会在市场上孤独地存在。每一个客户都是企业的一面镜子，可以从里面看到自身的优势和短板，这也是客户带给企业的价值。销售人员在其中所扮演的，是一个非常核心的角色。不论是双赢体系中我们所提到的"呼"的动作，还是"吸"的动作，都是通过销售人员这个核心的角色来实现的。而具备双赢销售思维的销售部门不再是一个简单卖货的部门，而是为客户生意负责，最终通过帮助客户解决问题而实现自身企业的业务发展的部门！就好比第一章中我所提到的宝洁的销售部被称为客户生意发展部，其实就很好地诠释了这个最核心的理念。

而在业务发展的过程中，销售部门除了关注客户的需求，还应该关注企业与客户之间的合作关系与自身的业务模式之间的影响。不论是用户驱动型的业务模式，还是专利主导型的业务模式，销售部门都可以基于企业在整体业务价值链上的角色，与上下游客户进行广泛和深入的合作，而这个合作，第一是基于企业的发展战略目标，第二是基于客户角色和定位。双赢销售思维所提出的第一个齿轮要求销售人员能够基于客户的需求去提供解决方案，而不只是基于产品去卖给客户；双赢销售思维所提出的第二条要求销售人员能够不仅关注交易，更要关注关系，关注企业与客户共同在价值链上的连接和合作，利

尾 声 销售的使命

用关系型的合作模式推动企业战略的落地以及与客户资源的整合。双赢销售思维所提出的第三条要求销售人员在互动的关系中看到企业自身的发展机会,并及时通过与客户的价值共创,发现自身的优缺点,进而帮助企业自身不断迭代产品和解决方案,做到与时俱进,基业长青。

最后,笔者不得不再次提出本书最重要的立意和观点:让销售人员带着使命去工作,让企业真正理解并赋能销售人员,让他们实现最有价值的工作。

让销售人员带着使命去工作!因为每一个销售人员都是窗口,都是企业文化的缩影。客户从观察对接的销售人员的状态和能力,就可以看出这个企业自身价值体系的输出能力。

让销售人员带着使命去工作!因为每一个销售人员都是桥梁,架起企业与市场呼吸的脉络。销售人员既是将企业价值带给客户的人,也是将市场反馈的价值带回给企业的人。如果每个销售人员都能够理解并在工作中执行和实现这一点,企业的生命力将由此焕然一新,蓬勃向上。

让销售人员带着使命去工作!销售人员就像一台造血机器一样,不断地带给企业这个身体生存和发展的重要养料,同时也帮助身体进行相应的新陈代谢。企业这个身体好不好,发展得快不快,健不健康,真的与销售人员息息相关。拥有双赢销售思维,销售就不再只是一份职业,而是一份带有使命感的工作，成为连接价值的纽带。拥有双赢销售思维，企业才能将战略方针真正落地到销售人员的日常工作中，进而成就企业的使命与愿景，实现企业的价值创新和健康发展，日益精进，成为基业长青的行业标杆！

后　记

写这本书来自一杯咖啡的灵感！

感谢我的师兄和职业生涯的启蒙导师，复旦大学管理学院商业知识发展与传播中心主任于保平老师。2021年春天的一个午后，我们久别重逢在咖啡馆小叙，听他聊那些不寻常的商业故事，因为他同时也是中国最棒的管理学期刊之一的《管理视野》的总编。他建议我把这些经验和想法写下来，并鼓励我："你沉淀下来写在纸上会跟你随意讲出来的很不一样！"

感谢山顶视角的王留全老师、余燕龙老师和叶赞老师。山顶视角这几年在商业出版市场推出的多本著作都引起了不小的轰动。王老师从他的维度给了我非常专业的建议，并理清双赢这条主线。余燕龙老师在很多章节协助我反复地打磨，每次推敲和碰撞对这本书的形成帮助巨大！

感谢我销售职场生涯中非常重要的几位领路人：前宝洁中国销售总经理现任国内领先的私募股权投资（PE）机构的董事总经理翟锋先生，前德国拜尔斯道夫中国执行总裁张顺元先生，前万科及恒大首席信息官（CIO）陈东锋先生，前宝洁中国电池产品董事总经理黄光宇先生，前康德乐医药中国区总裁林雯诗女士，美德乐全球副总裁大中华区董事总经理王澜先生，等等。正是他们的帮助和提携，让我在精进自身修养和技能的时候，不忘却销售的使命和责任！同时也更让我相信，一个正确的销售思维能够帮助很多人少走弯路，创造价值！

感谢我的家人，一切尽在不言中！如果没有你们的全力支持和信任，就不会有今天的这本书和现在的我。

最后感恩正在看这本书的您！文中很多不成熟的想法和见解还请您多包涵！谢谢您耐着性子看到这里，谢谢您喜欢这本书，如果它能够对您有用，那将是我最大的荣幸！祝福您的人生和您的事业获得双赢！而且赢得长长久久！谢谢！